Protestantische Orientierungen
in einer postmodernen Kultur

Quellen zur protestantischen Bildungsgeschichte (QPBG)

Nr. 10

Herausgegeben von Ralf Koerrenz, Alexandra Schotte
und Annika Blichmann

Euler R. Westphal

Protestantische Orientierungen in einer postmodernen Kultur

Bioethische Herausforderungen
und lutherische Theologie

*Herausgegeben und kommentiert von Ralf Koerrenz
und Sebastian Engelmann*

EVANGELISCHE VERLAGSANSTALT
Leipzig

Bibliographische Information der Deutschen Nationalbibliothek
Die Deutsche Nationalbibliothek verzeichnet diese Publikation in der
Deutschen Nationalbibliographie; detaillierte bibliographische Daten
sind im Internet über http://dnb.dnb.de abrufbar.

© 2015 by Evangelische Verlagsanstalt GmbH · Leipzig
Printed in Germany · H 7963

Copyright © der Originalausgabe 2004:
Euler Renato Westphal und Editora União Cristã
Originaltitel: O Oitavo Dia – na era da seleção artificial.

Das Buch wurde auf alterungsbeständigem Papier gedruckt.

Cover: Kai-Michael Gustmann, Leipzig
Satz: Katja Rub, Leipzig
Druck und Binden: Docupoint GmbH Magdeburg

ISBN 978-3-374-04150-3
www.eva-leipzig.de

Vorwort

Globale Bildung stellt eine der zentralen Herausforderungen der Gegenwart dar. Wenn wir heute unseren Lebenslauf bewusst gestalten wollen, kommen wir nicht umhin, „die Welt" in unser Denken und Handeln mit einzubeziehen. Von der Urlaubsgestaltung bis hin zu unserem Konsumverhalten in Sachen Nahrung oder Kleidung haben globale Vernetzungen (und deren Probleme) längst Einzug gehalten in alltägliche Entscheidungsprozesse. In der Ökumenischen Bewegung wird seit den 1950er Jahren darüber nachgedacht, wie diese zunehmend als alltäglich empfundene und tatsächlich auch wirkende Globalisierung theologisch buchstabiert werden kann. Welche Herausforderungen bringen die Veränderungen für das Verständnis des christlichen Glaubens mit sich? Und umgekehrt: Wie beeinflusst der christliche Glauben die Sichtweise auf die globalen Entwicklungen?

An einem aktuellen Themenfeld, der Biotechnologie unter besonderer Berücksichtigung der Bioethik, hat der brasilianische Theologe, Ethiker und Kulturwissenschaftler Euler Renato Westphal die Verschränkung dieser beiden Frageperspektiven in einer kritischen Auseinandersetzung mit dem vermeintlich so offenen und vorurteilsfreien Gegenwartskontext der Postmoderne zusammengeführt. Mit der Lesebrille des lutherischen Theologen nähert er sich relevanten Fragen auf diesem Feld: von der Genforschung über die Biopiraterie bis hin zu Patentierungsverfahren im biologischen Bereich. Seine ursprünglich auf Portugiesisch erschienene Studie wird hier mit zwei kurzen, kommentierenden Einleitungstexten der beiden Herausgeber der deutschsprachigen Diskussion zugänglich gemacht.

Diese Übersetzung ist das Ergebnis eines mehrjährigen wissenschaftlichen Austauschs von Euler Renato Westphal mit dem an der Friedrich-Schiller-Universität Jena im Rahmen des

Instituts für Bildung und Kultur angesiedelten Kollegs Globale Bildung. Westphal war im Sommer 2015 als Gastprofessor an diesem Kolleg Globale Bildung tätig, um neuere Forschungen zur Toleranz-Thematik durchzuführen und letzte Feinheiten dieses Publikationsprojektes abzustimmen. Die vorliegende Übersetzung ins Deutsche folgt dabei der englischen Fassung von „O Oitavo dia – na era da seleção artificial", die von Raphaelson Steven Zilse erstellt worden war.

Euler Renato Westphal (Jahrgang 1957) wurde in Rio do Sul, Bundestaat Santa Catarina, Brasilien, geboren. Seine Vorfahren waren Mitte des 19. und Anfang des 20. Jahrhunderts aus Deutschland nach Brasilien ausgewandert. Seinen Bachelor-Abschluss in Theologie erwarb er an der Escola Superioir de Teologia der Evangelischen Kirche Lutherischen Bekenntnisses in Brasilien. Von 1978 bis 1982 studierte er auch am theologischen Seminar der Pilgermission St. Chrischona in der deutschsprachigen Schweiz. Für acht Jahre praktizierte Euler Renato Westphal als Pfarrer und Missionar bei der Missão Evangélica União Cristã (MEUC), einer evangelischen Missionsorganisation in der Tradition der Reformation und des Pietismus, die auf eine lange Geschichte zurückblicken kann. Dieser Ableger der Gnadauer Brasilien-Mission entwickelte sich nach dem Zweiten Weltkrieg zu einer starken missionarischen Bewegung innerhalb der Evangelischen Kirche Lutherischen Bekenntnisses in Brasilien (IECLB). In seiner Zeit bei der MEUC gründete Westphal im brasilianischen Blumenau zwei sozialdiakonische Einrichtungen, die sich im Bereich der Armenfürsorge und der Arbeit mit Drogenabhängigen engagieren.

Seit 1986 lehrt Westphal an der Faculdade Luterana de Teologia in São Bento do Sul und an der Universidade da Região de Joinville – UNIVILLE in Joinville im brasilianischen Bundesstaat Santa Catarina. 1998 schloss er seine Promotion in Theologie ab. Seine Dissertation verfasste er zu dem Thema „Der christliche Gott. Eine Studie über die trinitarische Theologie des Leonardo Boff". Leonardo Boff (Jahrgang 1938) gilt als einer der Hauptvertreter der sogenannten Befreiungstheologie, die christliches Denken und Handeln eng mit der Idee der Menschenrechte verknüpft hat. Aktuell ist Euler Renato Westphal Professor für Ethik an der Universität Joinville und Professor für Systematische Theologie an der Faculdade Luterana de Teologia in São Bento do Sul.

Westphal arbeitet schwerpunktmäßig zu Wissenschaftsphilosophie und zu evangelisch-lutherischer Theologie. Zudem – und das ist der Schwerpunkt der vorliegenden Studie – setzt Westphal sich mit Fragestellungen auseinander, die erst im Prozess des technischen Fortschritts der Lebenswissenschaften an Bedeutung gewonnen haben. Dabei berücksichtigt er sowohl bioethische als auch technikethische Perspektiven. Hierbei verbindet er Motive der Befreiungstheologie, technikkritische Argumentationslinien sowie einen hermeneutischen Ansatz und schafft so eine auch methodologisch in sich selbst interessante Perspektive.

An der Universität Joinville ist er aktiv in die Gestaltung des Magisterprogramms für Kultur, Gesellschaft und kulturelles Erbe eingebunden, das am Jenaer Institut für Bildung und Kultur im Master-Studiengang „Bildung – Kultur – Anthropologie" eine Parallele hat. Euler Renato Westphal hat bislang fünf Bücher und zahlreiche wissenschaftliche Beiträge vorgelegt. Seine Schriften sind in portugiesischer Sprache verfasst, zum Teil jedoch auch in deutscher Sprache erschienen. Er lebt mit seiner Frau Simony, die als Lektorin tätig ist, in São Bento do Sul, Santa Catarina, und hat drei Kinder.

Es ist uns eine große Freude, das vorliegende Buch als Ausdruck der deutsch-brasilianischen Kooperation vorlegen zu können. Die kritischen Impulse, die von einer theologischen Sicht auf die Welt inspiriert werden, erscheinen als notwendige kulturelle Korrektive in einer Zeit, in der vermeintlich keine großen Erzählungen mehr existieren. Der calvinistische

Philosoph, Pädagoge und Kulturkritiker Jean-Jacques Rousseau hatte bereits Mitte des 18. Jahrhunderts auf die Notwendigkeit hingewiesen, sich nicht vom angeblich so vorurteilsfreien, wertneutralen und alternativlosen Glauben an den Fortschritt einlullen zu lassen. Dabei kann es heute gewiss nicht um eine Zurückweisung des Fortschritts an sich gehen. Eine kritische Analyse der offenen, zumeist aber verdeckten Normen und Wertmaßstäbe scheint jedoch notwendiger denn je, denn Manches, was selbstverständlich erscheint, ist es vielleicht gar nicht.

Jena, im Spätsommer 2015

Ralf Koerrenz
Sebastian Engelmann

INHALT

Geleitwort zur deutschen Ausgabe

Rund elf Jahre sind vergangen, seit das Buch *O Oitavo dia na era da seleção artificial* im Verlag der Editora União Cristã in Brasilien erschienen ist. Seitdem habe ich einige andere Bücher und Artikel verfasst, die die Themen dieses Buches aufgenommen und akzentuiert haben. In der Zwischenzeit haben sich vielleicht einige Probleme verlagert, ihre Aktualität aber haben sie nicht verloren.

Die vorliegende Publikation möchte keine wissenschaftliche Studie über Biologie oder Medizin sein. Es handelt sich auch nicht um eine philosophische Abhandlung im strengen Sinne des Wortes. Vielmehr sollen Anregungen für den Humanisierungsprozess in der Medizin formuliert werden, die vom Prinzip der Verantwortung hergeleitet werden.

Das ethische und theologische Kernproblem lautet: Wenn der Mensch sich als Maßstab aller Dinge sieht, wird er selbst zum Gott über alles Geschöpfliche. Im gewissen Sinne könnte man dann von einer Säkularisierung der christlichen Heilsgeschichte sprechen, denn die alte Schöpfung wird durch Neuschöpfungen ersetzt. Die Performativität der Postmoderne wird als ein neues Evangelium proklamiert: Neues wird geschaffen, eine neue Ethik, neue Wahrheiten werden verkündigt. Diese Neuschöpfungen sind auf eine Erlösung ausgerichtet, die sich in der Produktion einer heilen und gesunden Person ausdrückt. Die eschatologische Perspektive ist dabei, dass wir als Menschen selbst einen neuen Himmel und eine neue Erde, ein neues Paradies ohne Leiden schaffen werden, welches bereits in der nahen Zukunft eintreten soll. Ein Weg zu diesem neuen Himmel und dieser neuen Erde führt dann durch das *Enhancement* der Embryone, damit Kinder eugenisch perfekt zur Welt kommen können.

Diese Erwartungen an Heil und Zukunft sind eng verbunden mit einem bestimmten Verständnis von Wissenschaft, das in der sogenannten Postmoderne die Oberhand gewonnen hat. Dies berührt unmittelbar auch das Verhältnis von Wissenschaft und Religion. Das Problem der Postmoderne besteht danach nicht in dem Antagonismus zwischen Wissenschaft und Religion an sich. Es geht vielmehr um eine Auffassung von Wissenschaft, in der die Wissenschaft selbst zur Religion wird, indem sie totalisierende Antworten auf Kernfragen des Menschlichen geben will und so eine neue Art der messianischen Hoffnung mit Naherwartungstendenz formuliert.

Im vorliegenden Gedankengang geht es mir nicht um eine feindliche Einstellung gegenüber der Wissenschaft an sich. Es geht mir auch nicht darum, die Patentierung von Erfindungen an sich in Frage zu stellen. Ein wesentlicher Punkt ist jedoch, dass Patentierungen von Entdeckungen von Lebewesen, die dann als *commodities* behandelt werden, unwürdig sind. Meine Überlegungen sollen als Impulse verstanden werden, die zum kritischen Nachdenken im interdisziplinären Gespräch zwischen Theologie, Bioethik und Medizin beitragen.

Ich danke Prof. Dr. Dr. Ralf Koerrenz, Leiter des *Kollegs Globale Bildung* am Institut für Bildung und Kultur der Friedrich-Schiller-Universität Jena, herzlich, dass er als Herausgeber die Publikation des Buches in einer deutschen Fassung möglich macht. Es war eine bereichernde Erfahrung, im Sommer 2015 als Gastprofessor am *Kolleg Globale Bildung* tätig gewesen zu sein. Danken möchte ich auch Sebastian Engelmann M.A., der den Text aus der englischen Version ins Deutsche übersetzt hat, für die kritischen Gespräche und Anregungen im Zuge der Übersetzung. Mein Dank gilt ebenfalls Raphaelson Steven Zilze, der den Text ursprünglich aus dem Portugiesischen ins Englische übersetzt hat. Dem Verlag Editora União Cristã – São Bento do Sul in Brasilien – und insbesondere Rolf Fitzlaf danke ich für die freundliche Erlaubnis der Publikation in deutscher Sprache.

Der vorliegende Text ist das Ergebnis von interdisziplinären Diskussionen, die ich mit Professoren und Studierenden der Medizin, Jura, Theologie, Biologie, Architektur an der Universidade da Região de Joinville – UNIVILLE – Joinville im Bundesstaat Santa Catarina im Süden Brasiliens geführt habe. Das Buch ist von einer Perspektive innerhalb der Lutherischen Theologie in Brasilien bestimmt, die den Konflikt von Arm und Reich, von Nord und Süd zum Ausgangspunkt nimmt. Die geographische und kulturelle Perspektive aus der südlichen Halbkugel ist eine andere als die der Länder, die in der nördlichen Halbkugel über größere politische und wirtschaftliche Machtressourcen verfügen. Dennoch wäre es zu leicht, in eine Art hegemonialen Manichäismus zu verfallen, nach dem die nördlichen Länder Ausbeuter sind und die südlichen Länder die Unterdrückten. Die Lage ist vielfältiger und komplexer als das simple Schema von Unterdrücker und Unterdrückten. Die hermeneutischen Überlegungen müssen von den Problemlagen ausgehen und in diese eine kritische Diskussion der vermeintlichen Selbstverständlichkeiten eintragen. In diesem Sinne grüße ich die Leserinnen und Leser der deutschen Ausgabe herzlich und wünsche eine herausfordernde Lektüre.

Euler Renato Westphal

Jena, Juli 2015

Menschliche Perfektion in der vermeintlichen Leere – Der Tanz um das Goldene Kalb in der Gegenwart

Ralf Koerrenz

Das „Goldene Kalb" ist ein Motiv, das die hebräische Überlieferung den monotheistischen Religionen in ihr ethisches Gewissen eingeschrieben hat. Dieses Motiv steht für die Tendenzen, mit denen der Mensch seit alters her innerweltliche Instanzen oder sich selbst zum letzten Maßstab des Denkens und Handelns machen wollte. Es scheint ein unzerstörbarer Drang des Menschen sowohl als Individuum als auch als Gattungswesen zu sein, nach glänzenden Mittelpunkten zu suchen. Der Tanz um eine solch strahlende Mitte erleichtert dann den Alltag, weil es dem lernenden Streben des Menschen eine entlastende Orientierung zu geben vermag. Die entlastende Orientierung resultiert daraus, dass durch die Strahlkraft der Mitte vorgegeben ist, worauf sich das Streben des Erkennens und Handelns richten soll. Vor allem aber ist mit dem Motiv des „Goldenen Kalbs" in biblischer Sicht die verhängnisvolle Konsequenz verbunden, dass der Mensch sich selbst in einer Art tänzerischer Selbstvergessenheit für die letzte Autorität seiner Existenz hält. Eine solch verblendete Gewissheit erhält er durch Identifikation – durch eine Identifikation des menschlichen Lebens schlechthin mit der Sinnstiftung, die von dem Verehrungsappell des Goldenen Kalbes ausgeht. Raum gewinnt eine solche Mitte nach der biblischen Erzählung erst dann und nur dann, wenn der Mensch vergessen hat, dass er als Geschöpf nur Gast auf Erden ist und in dieser Gastrolle in seinem Denken und Handeln dem Schöpfer rechenschaftspflichtig ist. Einen Sinn, der innerweltlich von einem Kalb – wie glänzend dies auch sein mag – ausgeht, gibt es dann nicht. In einer Kritik des Goldenen Kalbes wird die

Welt wohltuend sinnlos und öffnet so zugleich die Ahnung für das Nicht-Feststellbare.

Die Geschichte der menschlichen Kultur ist eine Geschichte der Goldenen Kälber. Es gibt keine menschliche Existenz, es gibt keine menschliche Kultur ohne sie. Die Botschaft der hebräischen Überlieferung ist immer nur die eines notwendigen, eines unverzichtbaren Korrektivs. Realität hat der Einspruch gegen die Goldenen Kälber in der historischen Rückschau allenfalls am Rande gefunden: als Einspruch und Widerspruch der Ketzer gegen die Machtstrukturen der Kultur. Die grundlegende Verdorbenheit der Kultur zeigt sich nicht zuletzt an denen, die sich auf die Geschichte der Differenz von Gott und Götze berufen haben. Selbst die Prediger einer kritischen Skepsis gegenüber den Kälbern, die Kirchen, wandelten sich in der Geschichte nur allzu oft in Zuchtanlagen der Legitimation und Stabilisierung innerweltlicher Herrschaft, die mit Repression, Ausbeutung und Unterdrückung einhergegangen sind. Der kolonialisierte Süden – und nicht nur der – kann endlose Lieder darüber singen.

Die äußere Gestalt dieser Kälber mit ihren Gefolgschaftsansprüchen wechselt von bedrückender Direktheit (vor allem in Gestalt fundamentaler politischer oder religiöser Alleindeutungsansprüche) bis hin zur scheinbaren Verflüchtigung des Goldenen Kalbes an sich. Die letztgenannte Form der scheinbaren Verflüchtigung des Goldenen Kalbes als der vielleicht subtilsten Form des Herrschaftsanspruchs ist Thema des Buches von Euler Renato Westphal: die menschliche Existenz im illusionären Gestus der Postmoderne. Das Goldene Kalb der Gegenwart wird getragen von einem Paradox: Auf der einen Seite scheint es gar nicht mehr existent, um auf der anderen Seite genau in der Behauptung seiner Nicht-Existenz im Gewand einer Vision der zu perfektionierenden Menschen eine geradezu neokolonialistische Herrschaft zu legitimieren. Das Bild einer Postmoderne, in dessen vermeintlicher Leere vorgeblich kein Platz mehr für umgreifende, sinnstiftende Erzählungen ist, gewinnt seine farbige Leuchtkraft durch eben solche, vermeintlich nicht existente sinnstiftende Erzählungen wie die der Perfektionierung des Menschen durch biotechnischen Fortschritt. An die Stelle des offen verkündeten Glaubens an Etwas als sichtbare Symbolisierung des Goldenen Kalbes sei – so die große Erzählung der Postmoderne – der endgültige Verlust großer Erzählungen getreten. Die größte Erzählung der Gegenwart ist dann die vermeintlich voraussetzungsfreie Kritik an allem Gegebenen, die umso fester um das menschliche Verstandes- und Urteilsvermögen als dem goldenen Kalb der Gegenwart tänzelt. Die Berufung auf eine kritische Instanz jenseits des Menschen erweckt Verdacht – im gewissen Sinne mit gutem Recht, letztlich jedoch als Gestus der menschlichen Erhebung über sich selbst.

Dieser Konstellation will der nun in deutscher Übersetzung vorliegende Text „Protestantische Orientierungen in einer postmodernen Kultur. Bioethische Herausforderungen und lutherische Theologie" von Euler Renato Westphal auf die Spur kommen. Der Text wurde zunächst im Jahr 2004 im Verlag União Cristã in portugiesischer Sprache veröffentlicht. Sein Titel lautet im Original: „O Oitavo dia – na era da seleção artificial" (Der Achte Tag – Im Zeitalter der künstlichen Auslese). In der unveröffentlichten englischen Übersetzung wurde der Untertitel „An analysis on the post-modern thought, its esthetic expressions and its scientific practice" hinzugefügt, aus dem das Motiv der Postmoderne in den Titel der deutschen Ausgabe übernommen wurde.

Thematisch verbindet der Text in seiner von lutherischer Theologie getragenen Kulturkritik sehr unterschiedliche Ebenen und Motive: Die philosophisch fundierte Analyse der Bedingungen und Möglichkeiten der Postmoderne wird mit einem kritischen Blick auf den Bereich der Biotechnologie verbunden. Dieser kritische Blick wird gespeist von ethischen

Grundsatzüberlegungen insbesondere mit Blick auf eine zunehmende Ökonomisierung der Biotechnologie. Das Erkenntnisinteresse richtet sich dabei auf die Strategien, mit denen biotechnologische Forschung und die Anwendung von deren Ergebnissen legitimiert werden. Im Hintergrund der so beschriebenen Tendenzen in der Wissenschaft scheint ein neues Forschungsparadigma auf. Dieses Paradigma sieht Westphal in, der Herangehensweise der Bricolage, in der es um eine spielerische Verknüpfung von oftmals kontrastiv gedachten Elementen geht. Performativität, Nützlichkeit und Lukrativität sind Bausteine für jene Strategie, mit der in der Postmoderne Denken organisiert und Handeln legitimiert wird. Das ursprünglich von Claude Lévi-Strauss als Bricolage bezeichnete Vorgehen, zu nehmen und zu verknüpfen, was vorgefunden wird, ohne nach einer die Ordnung steuernden externen Instanz zu fragen, eröffnet insbesondere Bereichen wie der Biotechnologie eine Grundlage, auf der bestimmte Entwicklungen ihren Eigen-„Sinn" entfalten. Diese neuen Sinnstrukturen stehen in Spannung zu der von Jean Francois Lyotards in seinem Essay *Das Postmoderne Wissen* formulierten Beobachtung, die Zeit der großen Erzählungen wie die eines Schöpfergottes und eines diesem verpflichteten Menschen sei vorbei. Zugestanden wird die Beobachtung, dass augenscheinlich in einer neuen Qualität eine Leere entstanden ist. Dies aber ist bei genauerem Hinsehen gerade die große Illusion der Postmoderne, weil es eine solche Leere nicht geben kann und Kultur immer – um in der Sprache dieses Vorworts zu bleiben – als Tanz um goldene Kälber organisiert ist. Westphals Argumentation zufolge ist es die Biotechnologie, die sich aufgrund des Verfalls der großen Metanarrationen und dem Abgesang der Postmoderne auf Universalien zu ungeahnten Höhen aufschwingt. Obwohl Universalien, systematische Welterklärungsmuster und übergreifende Ordnungsprinzipien in dem Verständnis von Postmoderne eigentlich nicht mehr vorhanden sein können, wird die nun frei gewordene Stellung im Koordinatensystem der Wirklichkeit faktisch neu besetzt. Die Biotechnologie – so Westphal – setze sich als neue, gottgleiche Instanz, die in sich selbst Heilsversprechen wie die Heilung von Krankheiten, die Perfektionierung des Menschen und in letzter Konsequenz das ewige Leben bereithält. In früheren Zeiten seien diese Heilaussichten klassischen religiösen Erzählungen zugerechnet worden.

Die neue Erzählung der Biotechnologie legitimiert sich selbst über Motive der Überwindung und ein neues Heilsversprechen. Die Abhängigkeit des Menschen vom eigenen Körper und von genetischen Vorprogrammierungen könne demnach durch die Fortschritte der Biotechnologie nicht nur genauer in den Blick genommen, sondern auch modifiziert und zum Positiven gewendet werden. Perspektivisch geht es um die Formung des besseren, in letzter Konsequenz um die Formung des perfekten Menschen. Die Kultur hat damit eine neue Mitte, von der sie behauptet, dass es gar keine Mitte im Sinne einer Großerzählung wäre, weil es diese ja in der Postmoderne eigentlich gar nicht geben dürfe. Der Sache nach aber hat das Goldene Kalb der Gegenwart zu seinem strahlenden neuen Gesicht gefunden.

In dieser Veränderung der Wissenschaft in der Postmoderne sieht Westphal seine These von den eugenischen Utopien der Postmoderne bestätigt. Biotechnologie verkündigt in der Postmoderne als Botschaft, im Dienste des Menschen die Natur dem Menschen im Sinne eines unbedingten Herrschaftsauftrages untertan zu machen. Solange die Natur den Menschen etwas nutzt, hat sie dabei für die Menschen auch einen Wert. Sobald die Natur aber nicht mehr nützlich ist oder nutzbar gemacht werden kann, verliert sie ihren Wert. Diese Motive lassen erkennen, dass Westphal an dieser Stelle die Biotechnologie als Religionsersatz in Position bringt. In dieser Sichtweise auf die der Biotechnologie innewohnende Gestaltungslogik sei die technische Ermöglichung des ewigen Lebens die letzte, radikale Konsequenz des Denkens und Handelns. Damit handelt es sich aber um die Transformation des Heilversprechens der monotheistischen Religionen in die vermeintliche Säkularität der Postmoderne. So befreit die Postmoderne den Menschen nur scheinbar, um ihn auf subtile Weise im Denken und Handeln neu auf eine goldene Mitte des Denkens und Handelns hin zu unterjochen. Die Postmoderne befreit den Menschen von den vermeintlich überholten Metanarrationen der Moderne, unterwirft ihn aber im selben Moment einer ganz anderen Großerzählung. In dieser Metanarration herrschen die Prinzipien der Funktionalität, Profitabilität und Leistung mit dem Ziel einer Unterdrückung durch vermeintlich alternativlose wissenschaftliche Prinzipien.

Alle diese leuchtenden Tendenzen der Postmoderne kulminieren in der Schau der Gene. Die Möglichkeit, den genetischen Code zu betrachten, tritt für den Menschen an die Stelle, an der er alternativ nach der Realität von etwas Ganz Anderem, vom Nicht-Ich, von einer Ahnung Gottes suchen könnte. Stattdessen werden die Gene befragt, erbliche Störungen werden in ihnen verortet und messianische Erwartungen werden in sie hineinprojiziert. Das so erzeugte Wissen wird nach Westphal perspektivisch dazu genutzt werden, um eine quasi-eugenische Praxis der Abtreibung zu rechtfertigen. Über Für und Wider der Abtreibung kann man streiten – die von Westphal entwickelte Logik basiert auf dem Selektions-Argument. Danach wird unter dem Vorzeichen einer aufgrund rationaler Abwägungen vorzunehmenden Selektion eine bestimmte genetische Konfiguration unter Beseitigung alternativer Möglichkeiten favorisiert, die auf lange Sicht zur Norm (mit Monopolanspruch) erhoben wird. Genau dies aber sei – so Westphal – abzulehnen und als Zeichen an der Wand eines sich nur noch selbst genügsamen Mensch-Seins zu lesen.

Dieses Vorzeichen trägt Westphal in seinen Überblick über Entwicklungen in der Biotechnologie ein, wobei ein Fokus auf der Gentechnologie liegt, die das menschliche Wesen in seiner genetischen Struktur auf kurze oder lange Sicht fundamental verändern wird. Perspektivisch ermöglichten diese Form des technischen Fortschritts und insbesondere die unreflektierte Anwendung dieser neuen technischen Möglichkeiten die Patentierung von Lebewesen. Dies ist eine weitere Falte im Gesicht des Goldenen Kalbes der Gegenwart, die Westphal ausführlich behandelt. Die Patentierung von Lebewesen ermögliche es dem Entdecker einer Kombination von Genen oder einer Sequenz von Merkmalen, diese patentieren zu lassen. Auch könnten Veränderungen, die am genetischen Code vorgenommen wurden, patentiert werden. Beispielhaft verweist Westphal hier auf transnational agierende Unternehmen, die Saatgut patentieren lassen und so ländlichen Gemeinschaften und indigenen Bevölkerungsgruppen die Möglichkeit entziehen, ihr über Generationen erworbenes traditionelles Wissen weiter zu verwenden. Dies sei jedoch eine ethisch zu problematisierende Entwicklung, da sich in diesem Zusammenhang Fragen der Gerechtigkeit aufdrängten. Neben diesen ökonomisch basierten Aspekten der Gerechtigkeit stellt die Patentierung des Lebens Westphals Ansicht nach ganz grundsätzlich die Verbindung von Mensch und Natur infrage. Wenn der Mensch sich die Natur in dieser unterdrückenden Form Untertan macht, offenbart er in letzter Konsequenz nur die eigene Hybris, die die eigene Geschöpflichkeit vergessen, vermessen und verdrängt hat.

Eine unkritische Nutzung der Fortschritte der Biotechnologie geht für Westphal einher mit der Rationalisierung und der Erzeugung von marktförmigen Wissensbeständen hinsichtlich der instrumentellen Verwendung von Leben. Diese Entwicklung offenbare ihr wahres Gesicht in der neoliberalen Logik der Patentierung, die ungebremst immer weitere Teile des menschlichen Zusammenlebens übernehme und so in der Tradition der Unterdrückung durch die Kolonisatoren stehe.

Die Biotechnologie – so die Analogiebildung Westphals – sei zu vergleichen mit klassischen Formen der Sklaverei. Die freiwillige Unterordnung des Menschen unter das Diktat der Biotechnologie sei eine neue, postmoderne Form der Sklaverei, in der der nunmehr rational-analytisch zergliederte Mensch in Teilen einer patentierten Unterwerfung anheimfällt.

Westphal bringt gegen alle diese Tendenzen das Prinzip der Verantwortung als ethisches Regulativ in Stellung. Das im Anschluss an Hans Jonas reformulierte Prinzip der Verantwortung schlägt vor, in die Bio- und Umweltethik eine Heuristik der Furcht einzubringen, die sich der Heiligkeit der Natur und des Lebens bewusst ist. Dieser Ansatzpunkt wiederum böte eine Grundlage für alternative Folgenabschätzungen von biotechnologischen Entwicklungen. Natur werde in diesem Verständnis nicht zu einer handhabbaren Sache instrumentalisiert und der menschlichen Vernunft untergeordnet, sondern bleibe etwas mit eigenem Wert. Natur könne eben nicht bedenkenlos dem menschlichen Streben nach Profitmaximierung und Fortschritt untergeordnet werden. Mit diesen Motiven ziehe Jonas eine Verantwortungsdimension in seine Ethik ein, die auch das Wohlergehen zukünftiger Generationen mitbedenke. Der neuralgische Punkt des Prinzips der Verantwortung ist danach die Einsicht in die eigene Verantwortung für zukünftige Generationen, welche sich direkt auf den Umgang mit der Biotechnologie auswirken solle. Eine Projektion der möglichen Folgen der Biotechnologie, wie sie diesem Prinzip entsprechend stattfinden müsste, würde dann immer vorsichtig kalkulieren und die Gefahren einer Technisierung der menschlichen Reproduktion mit einbeziehen. Zum einen wäre so ein verantwortungsvoller Umgang mit dem technischen Fortschritt gewährleistet, zum anderen würde der Respekt vor dem Leben und dem Individuum gewahrt. Genau an diese Erwägungen müsse eine Bioethik anknüpfen, die sich der Herausforderungen der technischen Veränderungen in der Postmoderne bewusst sei.

Hierfür schlägt Westphal eine Bioethik vor, die besonders auf die interdisziplinäre Zusammenarbeit setzt. Diese Bioethik beziehe zwar zwingend auch die Naturwissenschaften mit ein, müsse sich aber eben auch mit Fragen von Unterdrückung und Armut auseinandersetzen und Werte wie Tugendhaftigkeit, Gemeinschaft, Barmherzigkeit, Solidarität, Sorge und Gleichheit betonen. Hier sieht Westphal in den vermeintlich alten Erzählungen des christlichen Glaubens einen Ansatz, der diese verschiedenen Elemente bereits enthält und vertreten kann. Der Glaube repräsentiert bei allen Irrwegen, auf denen er selbst zum Produzent und zur Legitimationsinstanz goldener Kälber geworden ist, immer auch die Kritik an den illusionären Sicherheiten, denen sich die Menschen im Tanz um eine goldene Mitte hingeben. Im Glauben könne der Respekt vor dem Leben und seinen Geheimnissen wiedergewonnen werden. Nur so kann in Westphals Augen die Demut vor der Schöpfung gewahrt werden und nur so kann der technologische Fortschritt in Bahnen gelenkt werden, die allen Menschen zuträglich sind und nicht nur einer wirtschaftlichen Elite, die den Rest der Menschheit ausbluten lässt.

Die Perspektiven, die Euler Renato Westphal ursprünglich 2004 formuliert hatte, sind heute zumindest teilweise in öffentlichen Debatten um einen weltkulturellen Umgang mit der Natur eingegangen und dort präsent. Vor allem in ökonomischer Hinsicht kann jedoch von einer Mainstream-Position kaum die Rede sein. Westphals Perspektiven hatten Vorläufer vom Club of Rome bis Rio und Nagoya. Mit brasilianischen Augen bieten sie eine mögliche protestantische Orientierung in einer postmodernen Kultur, in der bioethische Herausforderungen und lutherische Theologie vor allem mit Blick auf Natur und die Tradition einer kritischen Abschätzung der Entwicklung von Kultur miteinander ins Gespräch gebracht werden.

Biopiraterie und Gerechtigkeit –
Eine einführende Übersicht

Sebastian Engelmann

Die tropischen Regenwälder des Amazonasgebiets sind ein regelrechter Hotspot der Biodiversität (vgl. Kleidon/Moony 1999). Für diese Regionen mit hoher Biodiversität ist es typisch, dass die Bevölkerung in großer Armut lebt (vgl. Landon 2007: 65). Besonders für Lateinamerika trifft dies zu, „where tropical rainforests entice many pharmaceutical companies hoping to make a profit from plant extracts" (ebd.). Nicht selten ist es die Armut, welche die Einheimischen dazu bewegt, wertvolle biologische Ressourcen für Firmen erschließbar zu machen – oftmals ohne in irgendeiner Form Ausgleichszahlungen zu erhalten (vgl. Mgbeoji 2006). Zwar sollte bereits die Rio Convention dieser Praxis Abhilfe schaffen, indem die Staaten die „sovereign control over their genetic ressources" (Landon 2007: 66) behalten, doch Probleme dieser Art, die unter dem Obergriff der Biopiraterie sowohl in den Medien als auch in der Wissenschaft diskutiert werden, sind trotz präventiver gesetzlicher Regelungen immer noch vorhanden. Auch Euler Renato Westphal verweist in seinem Essay auf das Problem der Ausgleichszahlungen in Verbindung mit der Praxis der Biopiraterie. Nach seinem Kenntnisstand finden Ausgleichszahlungen statt, diese sind aber oftmals nicht ausreichend oder lösen das Problem nicht.

Bei dem Problemkomplex der Biopiraterie handelt es sich um ein klassisches Gerechtigkeitsproblem, da eine der Parteien regelrecht ausgebeutet wird und aufgrund ihrer unterlegenen Position kaum Möglichkeiten hat, sich zu Wehr zu setzen. Das Protokoll von Nagoya – welches im Mittelpunkt dieses Artikels steht – versucht die Praxis der Biopiraterie zu unterbinden und rechtlich zu regulieren, um so ein gerechtes Miteinander der beteiligten Parteien zu garantieren. Hierfür soll das Protokoll spezifische Festlegungen bieten wie beispielsweise verpflichtende Umgangsformen und Ausgleichszahlungen. Im folgenden Artikel wird der Frage nachgegangen, *ob das Protokoll die Problematik der Biopiraterie eindämmen kann und der Gerechtigkeit zuträglich ist oder ob es nicht vielmehr aus westlicher Perspektive die indigenen Völker und ihr Wissen den profitorientierten Unternehmen überlässt, ohne einen Ausgleich anzustreben.*

Im ersten Abschnitt wird hierfür zunächst der Begriff der Biopiraterie genauer erläutert und eingegrenzt, um ein Verständnis der Situation zu erhalten. Im darauf folgenden zweiten Abschnitt wird ein Begriff von Gerechtigkeit formuliert und operationalisiert, der ausweist, dass es sich bei Biopiraterie um ein klassisches Gerechtigkeitsproblem handelt. Im Anschluss an diese Überlegungen wird das Protokoll von Nagoya dargestellt, wobei auf die Entstehung des Protokolls, seine Festlegungen und bestehende Probleme in Kürze eingegangen wird. Im vierten Abschnitt wird das Protokoll von Nagoya daraufhin untersucht, ob es der im zweiten Abschnitt definierten Vorstellung von Gerechtigkeit zu- oder abträglich ist, um auf diesem Weg eine Beantwortung der eingangs gestellten Frage zu ermöglichen. Im Fazit werden die Ergebnisse zusammengefasst und erneut problematisiert, um mögliche Anschlusspunkte und Bruchstellen aufzuzeigen.

1. Biopiraterie

Die Frage nach der Bedeutung des Wortes Biopiraterie konnte in der wissenschaftlichen Diskussion – die sowohl im Bereich der Rechtswissenschaften als auch in den Wirtschaftswissenschaften und der Anthropologie geführt wird – noch nicht abschließend beantwortet werden: „What is biopiracy? Does the term have a relevant significance beyond its apparent rhetorical and emotive value?" (Mgbeoji 2006: 11–12). Die Frage ist offen. Zudem ist es „unmöglich, präzise Daten für den Beginn der Biopiraterie in der Welt zu nennen" (Ribeiro 2002: 123).

Dem allgemeinen Gebrauch des Wortes entsprechend versteht man unter Biopiraterie eine Nutzbarmachung beziehungsweise Abschöpfung von biologischen Ressourcen. Die scheinbare Neutralität dieser Definition des inhaltlichen Kerns der Praxis der Biopiraterie löst sich aber durch die negative Konnotation von „-piraterie" wieder auf, die sich begriffsgeschichtlich darüber erklären lassen lässt, dass der Begriff Biopiraterie als Reaktion von Akteuren in der sogenannten Dritten Welt auf den Vorwurf der Patentpiraterie zu verstehen ist, der durch Länder der Ersten Welt erhoben wurde: „Therefore, the Third world applies the term ,biopiracy' to describe what it sees as a misappropriation of indigenous knowledge and biocultural resources, especially through the use of intellectual property infringement" (Mgbeoji 2006: 13).

Eine begriffliche Unterscheidung zwischen Biopiraterie und Bioprospecting, wie sie von Verteidigern der Praxis der Abschöpfung von pflanzlichen Rohstoffen und Wissensbeständen eingeführt wurde, scheint zur Klärung als erster Schritt angebracht. Bioprospecting ist das, was die oben versuchsweise gegebene neutrale Definition fasst: Die Abschöpfung und Nutzbarmachung von biologischen Ressourcen. Biopiraterie hingegen in seiner vollen normativen Aufgeladenheit ist Bioprospecting, das in den Gebieten von indigenen Bevölkerungsgruppen durchgeführt wird, ohne mit diesen zu kooperieren, sie zu informieren oder gerecht am Gewinn des Vorgangs zu beteiligen. Biopiraterie ist ein schwerer Einschnitt in das Leben der indigenen Bevölkerung: „This activity has an impact on the native peoples living in areas with potentially profitable plants. They can loose access to traditional plants and extraction processes when companies patent indigenous cultivars and knowledge" (Landon 2007: 63).

Diese Praktik der Patentierung von indigenem Wissen oder von durch indigene Gruppen genutzten pflanzlichen Ressourcen durch das Eingreifen von vornehmlich amerikanischen Pharmaunternehmen wird, um den Begriff im Sinne der in diesem Artikel verwendeten Definition mit Inhalt zu füllen, als Biopiraterie bezeichnet. Hierbei geht es somit weniger um die Praxis des Bioprospectings, sondern darum, dass oben genannte Firmen nicht immer „respect the interests and values of the indigenous peoples from whom they gather ethnobotanical information" (Landon 2007: 63).[1] Biopiraterie im Sinne der Arbeitsdefinition dieses Beitrags ist nicht der Eingriff an sich, sondern der Umgang mit dem verfügbar gemachten Wissen und die Auswirkungen dieses Umgangs auf die indigene Bevölkerung und kann im Anschluss an Mgbeoji „be defined as the unauthorized commercial use of biological ressources and/or associated traditional knowledge, or the patenting of spurious inventions based on such knowledge without compensation" (Mgbeoji 2006: 13).

Bioprospecting scheint sich vor dem Hintergrund der Nachwirkungen der eigentlichen Praxis als euphemistische

---

1   Die Frage des Zusammenhangs von Patentierung und Wissen wird hier nicht ausführlich behandelt, zwei Dinge sind aber anzumerken. Zum einen gibt es im amerikanischen Recht zwei Patente für Pflanzenmaterial. A) „[A] utility patent for nonobvious, useful and unique plant materials that requires users to pay royalties" (Landon 2007: 64) und B) „[P] lant variety protection that requires users additional uniformity, but requires no royalties" (Landon 2007: 64). Der in diesem Fall angewendete Typ der Patentierung ist Typ A, der die indigenen Völker rechtlich dazu verpflichtet, für ihre selbstentwickelten Extraktionstechniken und Pflanzenderivate an die amerikanischen Pharmaunternehmen Abgaben zu zahlen. Bereits diese simple Unterscheidung kann zu ethisch relevanten Anschlussfragen an das Patenrecht führen, die hier nicht weiter ausgeführt werden. Neben der Patentierung ist die Form des indigenen Wissens eine Erwähnung wert. Es muss betont werden, dass es sich bei indigenem Wissen zumeist um gemeinschaftliche Formen des Wissens handelt, die nur selten auf einzelne Dörfer oder gar Individuen zurückgeführt werden können (vgl. Brush 1993/Brush 1999).

Formulierung von Biopiraterie zu enttarnen[2], denn „[it] refers to acquiring biological resources that represent the property of another group of people without a contract that assures compensation for access to that generic resource" (Landon 2007: 64), wobei diese Vorstellungen alle von klassisch westlichen Konzeptionen von Besitz ausgehen.

Die begrifflichen Grenzen verschwimmen also und es ist möglich, beide Begriffe unter einem zu subsumieren. Der normative Kern bleibt auch bei einer solchen Subsumption erhalten. Die von NGOs angeprangerte Privatisierung des Lebens ist ein Problem,

> „because it can result in a monopoly over certain natural resources, prevent indigenous [people] from being able to obtain food, water and health care, as well as require indigenous people to pay for traditional medicines and foods that used to belong to them" (Landon 2007: 65).

Die Anzahl der dadurch entstehenden Probleme ist mannigfaltig. Beispielsweise kann Biopiraterie dazu führen, dass einheimische Pflanzen nicht mehr von denen angebaut werden dürfen, die sie über Generationen kultiviert haben, oder dass die selbst erzeugten Samen nicht mehr verkauft werden dürfen (vgl. Gepts 2004). Die Frage nach der Beurteilung dieser Situation ist allerdings ebenfalls noch nicht abschließend geklärt, da besonders neuere Publikationen die kulturelle Komponente betonen (vgl. Reddy 2006: 161), hierbei aber auch immer auf die problematischen Implikationen eines westlichen Begriffes

---

2   Sicherlich darf man nicht allen Verfechtern des Bioprospecting zuschreiben, dass sie die negativen Folgen für die einheimische Bevölkerung willentlich in Kauf nehmen würden. Ausnahmen von der Regel der Übervorteilung von indigenen Bevölkerungsgruppen existieren, sind aber selten.

von Besitz hinweisen, da gemeinsames Erbe der Ahnen in dieser Denkart immer in Eigentum umgewandelt wird. Aber in dieser Umwandlung von Erbe in Eigentum kann, so Reddy, eine Möglichkeit der Gerechtigkeit liegen, was im Folgenden anhand einer Arbeitsdefinition von Gerechtigkeit verdeutlicht werden soll. Hierbei wird der ökonomische Faktor als ausgleichende Variable eine große Rolle spielen, denn „at the heart of the debate on biopiracy is a struggle over economic profits from patented products" (Mgbeoji 2006: 35).

2. Gerechtigkeit

Nach Knoepffler stellt sich die Frage, wie das aus der allgemeingültigen Konzeption der Menschenwürde abgeleitete Prinzip der grundsätzlichen Gleichheit und des grundsätzlichen Subjektstatus des Menschen ernst genommen werden kann (vgl. Knoepffler 2010: 103). Das Prinzip der Gerechtigkeit und seine unterschiedlichen Ausgestaltungen können hierbei helfen.

Gerechtigkeitsprinzipien finden dort Anwendung, wo Konflikte vorliegen, und bieten sich zur Beurteilung des Nagoya-Protokolls an, da dieses eine direkte Antwort auf die Konflikte im oben skizzierten Feld der Nutzbarmachung von genetischen Ressourcen (GR) darstellt. Hierbei werden auf Seiten der Handelnden zwei Dinge vorausgesetzt und zwar, „daß die Beziehungen zwischen ihnen unterschiedlich ausfallen können, und daß die jeweilige Gestalt nicht nur von einer äußeren Instanz, etwa von der Natur oder Systemerfordernissen abhängt" (Höffe 2010: 28). Neben einer Konzeption von Gerechtigkeit als Tugend, die sich im Teilen und dem damit verbundenen Ausgleich von Ungleichheiten erschöpft und die Rahmenbedingungen von Handlungen ausblendet, können noch weitere Konzeptionen von Gerechtigkeit heran gezogen werden. Aus diesen Gerechtigkeitskonzeptionen können – neben dem unbedingt notwendigen tugendethischen Appell – auch direkte Folgerungen für eine Anwendung gezogen werden. So kennt Aristoteles bereits die Idee von den gerechten Institutionen, die er selbst als übergeordnet ansieht (vgl. Knoepffler 2010: 107).

Für den vorliegenden Kontext sind die Tauschgerechtigkeit und die ausgleichende Gerechtigkeit in Form einer korrigierenden Gerechtigkeit von besonderer Relevanz. Im fünften Buch der Nikomachischen Ethik formuliert Aristoteles das ordnende Prinzip der Gerechtigkeit, welches Höffe wie folgt reformuliert: „Die [...] ordnende Gerechtigkeit regelt den Austausch. Als Tauschgerechtigkeit (iustitia commutativa) ist sie für den freiwilligen Austausch, den Geschäftsverkehr bzw. das Zivilrecht, zuständig, also für Vorgänge wie Kauf, Verkauf, Darlehen und Bürgschaft" (Höffe 2010: 23). In ihrer anderen Form als „wiedergutmachende bzw. korrektive Gerechtigkeit (iustitia correctiva) regelt sie dagegen den unfreiwilligen Austausch im Strafrecht" (Höffe 2010: 23), wobei bei der ordnenden Gerechtigkeit Gleichheit herrscht, sie also für alle Menschen im selben Maß angewendet wird: „So kommt es nicht darauf an, ob ein anständiger Mensch einen schlechten beraubt, sondern lediglich, daß er geraubt hat und wie hoch der Schaden ausfällt." (Höffe 2010: 24)

Dieses Verständnis von Gerechtigkeit kann gegen den durchaus begründeten Einwand des medizinischen und technischen Fortschritts durch die Praxis der Biopiraterie angeführt werden. Egal ob nun eine gute Intention hinter der Biopiraterie steht oder nicht, sie bleibt diesem Verständnis von Gerechtigkeit nach ungerecht. Die erwähnten Formen der Gerechtigkeit sind nicht nur auf einer individuellen Ebene zu verorten, „sondern zugleich in institutionelle Arrangements eingebunden" (Knoepffler 2010: 109). Über die institutionellen Arrangements werden die Ideen der Gerechtigkeit so schließlich verankert.

Die ausgleichende Gerechtigkeit wird in der Gegenwart „vor allem als Politik der Kompensation verstanden. Bestehende

Ungleichheiten und Ungerechtigkeiten sollen durch geziel-
te Maßnahmen [...] ausgeglichen werden" (Ritsert 1997: 81–82).
Eine solche Form der Kompensation findet sich auch im Protokoll von Nagoya wieder. Hierbei ist es das Geld, „das den Tausch
ermöglicht, denn es wird gerade nicht das Gleiche getauscht,
sondern Verschiedenes, dem ein Geldwert zugeteilt wird"
(Knoepffler 2010: 112) und das als generalisiertes Medium der
Gerechtigkeit fungiert. Dies zumindest wäre der Fall, wenn in
der analysierten Situation ein freier Markt im Sinne der Möglichkeit einer Tauschgerechtigkeit gegeben wäre.

Für den vorliegenden Sachzusammenhang muss eine weitere
Form der Gerechtigkeit intervenieren: die oben bereits erwähnte
korrektive Gerechtigkeit, die sich zum Ausgleich von Unrecht,
wie beispielsweise „unfreiwilligen Beziehungen' zwischen Opfer und Täter" (Knoepffler 2010: 112) einschaltet. Das Unrecht,
welches in der Praxis des Vorgehens gegen Biopiraterie ausgeglichen wird, ist die Beziehung zwischen den Herkunftsländern des
Gutes und den Verbraucherländern, die das Gut nutzen.

Die hier verwendete stipulative Definition von Gerechtigkeit benötigt in Anlehnung an Knoepfflers Verständnis von
sozialer Gerechtigkeit und die grundlegenden Unterscheidun-
gen von Aristoteles drei Dimensionen. Die erste Dimension ist
die Wahrung des Gemeinwohls, die zweite ist die Wahrung von
fairen Bedingungen im Tausch und die dritte ist die Gleichbehandlung in Rechtsverfahren vor Gericht (vgl. Knoepffler 2010:
118), wobei alle diese Aspekte neben den oben genannten Aspekten von Gerechtigkeit wohl am besten unter dem Begriff der
schützenden Gerechtigkeit (vgl. Zude 2006: 112) gefasst werden
können. Die Zielsetzung dieser schützenden Gerechtigkeit ist
es, „schwächere Mitglieder der Gesellschaft zu schützen" (Fenner 2010: 36).

3. Das Protokoll von Nagoya

Im folgenden Abschnitt wird das Protokoll von Nagoya nun in zwei verschiedenen Dimensionen vorgestellt. Zum einen wird das Protokoll eingeordnet und dabei auch auf das relevante Vorläuferprotokoll von Rio eingegangen. Zum anderen werden die für die Beantwortung der Fragestellung wichtigen Elemente des Protokolls beleuchtet, um diese dann im vierten Kapitel diskutieren zu können.

Der geistige Vorgänger des Protokolls von Nagoya ist das Übereinkommen von Rio über die biologische Vielfalt von 1992. Dieses verfolgte die Hauptziele, „die biologische Vielfalt zu erhalten, ihre Bestandteile nachhaltig zu nutzen und die Vorteile, die sich aus der Nutzung genetischer Ressourcen [...] ergeben, ausgewogen und gerecht aufzuteilen" (Winter/ Kamau 2011: 373). Bereits im Übereinkommen von Rio ist festgelegt, dass „Forschungs- und Entwicklungsergebnisse sowie monetäre und sonstige Vorteile aus der Nutzung von GR mit dem Herkunftsland fair und gerecht [...] geteilt werden" (Winter/Kamau 2011: 373), eine genaue Ausdifferenzierung der einzelnen Elemente des Artikels wird aber nicht geleistet. Alle Vorteile, die aus der Nutzung von Genetischen Ressourcen (GR) gezogen werden, müssen also fair geteilt werden. Um dies zu ermöglichen, wurden bereits im Übereinkommen von Rio sogenannte Access and Benefit Sharing (ABS)-Systeme angeregt, die in den Ländern der südlichen Hemisphäre wie Brasilien strikt umgesetzt wurden, um gegen Biopiraterie vorzugehen.

Die besonders in Bezug auf die Rolle der indigenen und ortsansässigen Gruppen sowie auf die Formalisierung des Schutzes von Wissen, als auch die Bedeutung von GR, unklar formulierten Bedingungen führten zu weiteren Diskussionen und konnten keine abschließende Lösung bereitstellen.

Das Anliegen des am 29. 10. 2010 angenommenen Protokolls, das den vollständigen Titel „Nagoya Protocol on Access to Genetic Resources and the Fair and Equitable Sharing of Benefits Arising from their Utilization to the Convention on Biological Diversity"[3] trägt, wird in Art. 1 des Protokolls ausformuliert:

> „Ziel des Protokolls ist die ausgewogene und gerechte Aufteilung der sich aus der Nutzung der genetischen Ressourcen ergebenden Vorteile, insbesondere durch angemessenen Zugang zu genetischen Ressourcen und angemessene Weitergabe der einschlägigen Technologien unter Berücksichtigung aller Rechte an diesen Ressourcen und Technologien sowie durch angemessene Finanzierung, um so zur Erhaltung der biologischen Vielfalt und zur nachhaltigen Nutzung ihrer Bestandteile beizutragen" (Nagoya 2010: 4).

In diesem ersten Artikel wird bereits das Motiv der Gerechtigkeit aufgegriffen und auf eine gerechte Verteilung der Vorteile der Nutzung von GR heruntergebrochen. In Artikel 2 werden relevante Begriffe definiert, wobei die Begriffe „Nutzung der genetischen Ressourcen", „Biotechnologie" und „Derivat" für das Protokoll herausgehoben werden. Die Nutzung von GR wird verstanden als „das Durchführen von Forschungs- und Entwicklungstätigkeiten an der genetischen und/oder biochemischen Zusammensetzung genetischer Ressourcen, einschließlich durch die Anwendung von Biotechnologie" (Nagoya 2010: 5). Die Definition von Biotechnologie umfasst „jede technologische Anwendung, die biologische Systeme, lebende Organismen oder Derivate daraus benutzt, um Erzeugnisse oder Verfahren für eine bestimmte Nutzung herzustellen oder zu verändern" (Nagoya 2010: 5). „Derivat" schließlich wird

---

3   Zitiert wird in diesem Text ausschließlich aus der deutschen Übersetzung, angeführt als Nagoya 2010.

definiert als „natürlich vorkommende biochemische Verbindung, die durch Genexpression oder den Stoffwechselprozess biologischer oder genetischer Ressourcen entstanden ist, auch wenn sie keine funktionalen Erbeinheiten enthält" (Nagoya 2010: 5).

Diese Definitionen ermöglichen die Anwendung des Nagoya-Protokolls in zukünftigen Fällen, auf deren Vorläufer es als Reaktion angelegt ist, indem sie den Geltungsbereich des Protokolls genauer festlegen. Zum einen wird dieser Geltungsbereich auf Forschung und Entwicklung beschränkt, der Kauf von GR – beispielsweise Teeblättern – ist damit kein Fall für das Nagoya-Protokoll (vgl. Frein/Meyer 2012: 10). Durch die Definition von GR ist

> „entschieden, dass nicht nur die Forschung und Entwicklung eines Produkts oder Verfahrens unter Verwendung der Gene einer Pflanze, sondern auch die Verwendung ihrer biochemischen Bestandteile den Nutzer an die Regeln des Protokolls bindet. Es sind genau diese Bestandteile von genetischen Ressourcen, die fast alle üblichen Fälle der Nutzung in Medizin, Kosmetik und anderen Industriezweigen ausmachen. Der Zugang zu genetischen Ressourcen zur Forschung über ihre physikalischen Eigenschaften wäre hingegen nicht durch das Nagoya-Protokoll abgedeckt." (Frein/Meyer 2012: 10)

Zudem wird in Artikel 12 aufgeführt, dass die Gewohnheiten des Umgangs mit GR durch indigene Völker und ortsansässige Gruppen nicht verändert werden sollen. In den darauf folgenden Artikeln 12.1 bis 12.4 wird dann aber ausformuliert, dass in gemeinsamer Auseinandersetzung mit Möglichkeiten des Zugangs zu GR nicht eine Partei geschützt werden soll, sondern vielmehr das im Nagoya-Protokoll ausformulierte Recht umgesetzt werden soll. Auch Parteien, die GR auf andere Arten nutzbar machen wollen, sollen einen gleichermaßen geregelten Zugang haben. Hierfür versuchen die Artikel 3a bis 3b eine

Standardisierung für die Zusammenarbeit zwischen indigenen Gruppen und anderen potenziellen Nutzern der GR zu formulieren (vgl. Nagoya 2010: 12).

Die Aufnahme des Begriffs Derivate erweitert den Geltungsbereich ebenfalls. Durch die Integration von Derivaten in das Protokoll können „nicht nur die Gewinne aus Forschung und Entwicklung, sondern auch aus der späteren Verwendung und Vermarktung" (Frein/Meyer 2012: 11) in den Vorteilsausgleich mit einbezogen werden, da es sich „[b]ei diesen Produkten [...] unter anderem um Derivate oder weitere Ergebnisse biotechnischer Forschung" (Frein/Meyer 2012: 11) handeln wird.

Auf inhaltlicher Ebene schafft das Protokoll einen völkerrechtlichen Rahmen für den Ausgleich von Interessen zwischen den Ursprungsländern und den Nutzerländern von GR und soll dabei helfen, die oftmals von Entwicklungs- und Schwellenländern angeprangerte Biopiraterie einzudämmen. Hierbei war besonders Brasilien aufgrund seiner hohen Anzahl an indigener Bevölkerung und dem genetischen Reichtum der Amazonaswälder die treibende Kraft bei der Entwicklung des Protokolls (vgl. Winter/Kamau 2011: 379).

Die regulierte Vertragsstruktur des Protokolls von Nagoya nimmt eine dichotome Struktur von Parteien an. Auf der einen Seite sind dies „Vertragsparteien, die GR liefern (provide) und die entweder Ursprungsstaaten (countries of origin) der GR sind oder die GR [...] erworben haben" (Winter/Kamau 2011: 380). Im Vergleich zum Übereinkommen von Rio wird im Protokoll von Nagoya der Biodiversitätsschutz betont und das ABS wird als Umsetzung dieses Anliegens verstanden. Abseits von der Fokussierung auf ökonomischen Ausgleichszahlungen wird also dem Schutz der Biodiversität mehr Relevanz zugesprochen (vgl. Winter/Kamau 2011: 377). Eine Betonung des Schutzes der Biodiversität in dieser Form verweist auf die Intention des Protokolls, Biodiversität zu bewahren, statt nur Ausgleichzahlungen für den Verlust von Biodiversität einzusetzen.

Weiterhin gelang es den Herkunftsstaaten, den „Nutzungs-
begriff auf die Nutzung von biochemischen Stoffen aus[zu]
dehnen, die aus genetischer Expression oder dem Metabolis-
mus von biologischen und GR stammen" (Winter/Kamau 2011:
379). Diese Neuformulierung erweitert die Möglichkeiten der
Inanspruchnahme von Ressourcen durch die Bewohner der Ur-
sprungsländer über die Derivate und ermöglicht somit mehr
Einfluss auf den Umgang mit den GR. Diese Neuerung hängt
eng mit der Re-Definition der GR zusammen, die, wie oben bereits erwähnt, den Geltungsbereich genau abgrenzt.

In der zeitlichen Anwendbarkeit des Protokolls werden keine
Festlegungen getroffen. Dies ist besonders interessant, da das
allgemeine Völkerrecht eine retroaktive Anwendung von neuen
Rechtsbeschlüssen ausschließt. In Fragen der Biopiraterie stellt
dies aber nach Winter und Kamau kein Problem dar, denn Fälle
von Biopiraterie „stellen [...] genau genommen kein Rückwir-
kungsproblem dar, weil Verstöße gegen geltendes nationales
Recht vorliegen" (Winter/Kamau 2011: 378; vgl. Frein/Meyer
2012: 13). Eine Sanktion von Biopiraterie kann und muss sogar
auf nationaler Ebene stattfinden, wie auch Mgbeoji herausar-
beitet (vgl. Mgbeoji 2006: 11), um dann aber auch auf die Ver-
schiebung der Einflussnahme zu verweisen. Zwar ist mit dem
Protokoll von Nagoya ein möglicher rechtlicher Rahmen geschaffen, weiterhin liegt es aber in der Verantwortung der Na-
tionalstaaten, die Regelungen durchzusetzen. Eine abschließende Klärung der Wirksamkeit auf der zeitlichen Ebene wird
aber im Protokoll selbst nicht vorgenommen und muss sich in
der Praxis der Interpretation des Rechts erst noch entwickeln
(vgl. Frein/Meyer 2012: 13).

Von besonderer Relevanz für die Beantwortung der hier
eingangs formulierten Fragestellung sind zwei weitere Aspekte des Protokolls: Die Regelung der Ausgleichszahlungen
als Bewältigung des Vorteilsausgleichs und die im Protokoll

vorgeschlagenen institutionellen Regelungen zur Umsetzung der im Protokoll festgelegten Punkte. Artikel 5 zur ausgewogenen und gerechten Aufteilung der Vorteile formuliert den Umgang paradigmatisch in Artikel 5.1 im Anschluss an Artikel 1 wie folgt:

> „Vorteile, die sich aus der Nutzung der genetischen Ressourcen sowie aus der späteren Verwendung und Vermarktung ergeben, werden mit der Vertragspartei, die diese Ressourcen zur Verfügung stellt, das heißt dem Ursprungsland dieser Ressourcen oder einer Vertragspartei, die die genetischen Ressourcen in Übereinstimmung mit dem Übereinkommen erworben hat, ausgewogen und gerecht geteilt. Diese Aufteilung erfolgt zu einvernehmlich festgelegten Bedingungen." (Nagoya 2010: 7)

In diesem Artikel wird deutlich, dass das Protokoll sich nicht nur auf die Nutzung von GR bezieht, sondern auch auf den Vorteilsausgleich in Bezug auf die weitere Vermarktung der erzeugten Güter abzielt. Genauer ausdifferenziert wird dies in Bezug auf die Form der Umsetzung in Artikel 5.2:

> „Jede Vertragspartei ergreift Gesetzgebungs-, Verwaltungs-, oder politische Maßnahmen, wie jeweils angebracht, mit dem Ziel sicherzustellen, dass Vorteile, die sich aus der Nutzung der genetischen Ressourcen ergeben, deren Träger indigene und ortsansässige Gemeinschaften sind, im Einklang mit innerstaatlichen Rechtsvorschriften über die bestehenden Rechte dieser indigenen und ortsansässigen Gemeinschaften an diesen genetischen Ressourcen mit den betroffenen Gemeinschaften auf der Grundlage einvernehmlich festgelegter Bedingungen ausgewogen und gerecht geteilt werden." (Nagoya 2010: 7)

Artikel 5.2 „verpflichtet die Vertragsstaaten auf das Ziel, in den genannten Fällen die Vorteilsaufteilung mit den betreffenden indigenen Völkern durchzuführen, und zwar wiederum in fairer und gerechter Weise und zu einvernehmlich vereinbarten Bedingungen" (Frein/Meyer 2012: 18). Deutlich wird hier der Gedanke, über eine Einbeziehung der indigenen und ortsansässigen Gemeinden eine Form von Ausgleich zu etablieren, die den beteiligten Parteien zugutekommt. Hierbei betont Artikel 5.2 den Aspekt der nationalen Gesetzgebung, die indigene Gruppen in die Lage versetzen soll, ihre Interessen geltend zu machen. Diese Regelung wird auch in Bezug auf das indigene Wissen in Artikel 5.3 formuliert: Es sollen Maßnahmen aufseiten beider Vertragsparteien etabliert werden, die das Ziel des Protokolls und das in Artikel 5.1 festgelegte Ziel zu erreichen.

Somit kann festgehalten werden, dass

> „das Nagoya-Protokoll [...] von seinen Mitgliedern [verlangt,] legislative, administrative und politische Maßnahmen zur Umsetzung des Prinzips der fairen und gerechten Vorteilsaufteilung auf der Grundlange von einvernehmlich vereinbarten Bedingungen [zu treffen]. Dabei gilt, dass eine Vorteilsaufteilung zwischen Staaten nur dann erfolgt, wenn es sich bei dem Staat, der die genetische Ressource zur Verfügung stellt, zugleich um das Ursprungsland dieser Ressource handelt. Indigene Völker und lokale Gemeinschaften können im Falle von durch die nationale Gesetzgebung etablierten Rechten über genetische Ressourcen die Regeln des Protokolls für sich geltend machen" (Frein/Meyer 2012: 19).

Dies wird auch durch die in Artikel 7 formulierten Bedingungen des Zugangs zu GR betont, wonach indigene und ortsansässige Gruppen über den Zugang zu GR informiert, beteiligt und berücksichtigt werden müssen (vgl. Nagoya 2010: 9). Ein Zugang ohne deren Zustimmung würde dementsprechend einen durch das Nagoya-Protokoll sanktionierbaren Fall erzeugen.

Wie soll dies aber umgesetzt werden? Das Protokoll sieht hierfür unterschiedliche Mechanismen vor, die einzeln eingeführt werden. In Artikel 10 wird auf einen globalen multilateralen Mechanismus verwiesen, der als Kontrollorgan eingesetzt werden soll, um die Verwendung von GR auf der globalen Ebene zu regulieren. Weiterhin soll nach Artikel 11 eine grenzüberschreitende Zusammenarbeit stattfinden, die von den nationalen Anlaufstellen in den Ländern geregelt werden soll. Dies wird in Artikel 13 festgelegt und in Artikel 14 um das „Access and Benefit Sharing Clearing-House" (Nagoya 2010: 14) erweitert. An dieser Stelle sollen Informationen gebündelt bereitgehalten werden, die die Umsetzung des ABS-Systems unterstützen können. Die unterschiedlichen Einrichtungen werden durch die in Artikel 17 vorgeschlagenen Kontrollstellen unterstützt.

Neben diesen zusätzlichen Institutionen, die das Miteinander in gerechte Bahnen lenken sollen, werden im Protokoll Compliance-Regelungen formuliert (vgl. Nagoya 2010: 20), die als Selbstverpflichtung fungieren. So sind nach Artikel 20.1 alle Vertragsparteien dazu angehalten „Verhaltensregeln, Leitlinien und bewährte Verfahren und/oder Normen für den Zugang und die Aufteilung der Vorteile" (Nagoya 2010: 20) zu fördern und zu überprüfen. Zudem wird in Artikel 21 eine Bewusstseinsschärfung für die Inhalte des Protokolls vereinbart, die von den einzelnen Vertragsparteien umgesetzt werden soll. Somit verlangt das Nagoya-Protokoll von den Ländern ein hohes Maß an administrativem und legislativem Aufwand, der allerdings bei getreuer Umsetzung Möglichkeiten zum Ausgleich und zum gerechten Umgang der Parteien miteinander eröffnet. Im folgenden Kapitel soll das Protokoll unter dem in Kapitel eins ausformuliertem Aspekt der Gerechtigkeit genauer analysiert werden.

4. Diskussion des Protokolls von Nagoya

Inwiefern kann das Protokoll von Nagoya nun vor dem Hintergrund der ausformulierten Gerechtigkeitskonzeptionen überhaupt als gerecht eingestuft werden? Welche Möglichkeiten zur Intervention bietet das Protokoll und stellt es eine Möglichkeit dar, Biopiraterie zu verhindern und die indigenen und ortsansässigen Gruppen sowie ihr Wissen zu schützen?

Zum einen kann festgestellt werden, dass mit der Formalisierung und Verankerung relevanter Institutionen zur Überwachung und Steuerung der ABS ein großer Schritt in die Richtung der Umsetzung einer ausgleichenden Form der Gerechtigkeit getan wurde. Hier liefert das Protokoll von Nagoya eine Möglichkeit für die Umsetzung der ausgleichenden Gerechtigkeit, die in der ersten Dimension der in dieser Beitrag verwendeten Definition von Gerechtigkeit aufgehoben ist. Die Wahrung des Gemeinwohls – in Form der gerechten Verteilung und Regelung – wird im Protokoll verankert. Weiterhin legen die Artikel im Protokoll die Grundlage für die Möglichkeit von fairen Bedingungen im Tausch. Durch die Festschreibung der ABS und der Regelung und Überwachung dieser ist ein fairer Tausch zumindest theoretisch durch das Protokoll etabliert und geregelt. Die Gleichbehandlung bei Rechtsverfahren wird im Protokoll ebenfalls festgesetzt und durch die nationalen Instanzen der Rechtswahrung und die Clearing-Stellen gesichert.

Aber nicht nur für die Partner der Interaktion im Ursprungsland der GR werden gerechte Bedingungen geschaffen. Durch die Clearing-Stellen, die als zentrale Punkte zur Sammlung von Informationen fungieren, ist es auch für ausländische Partner und Firmen möglich, einen rechtlich geregelten und gerecht ausgestalteten Zugriff auf GR zu haben. Diese Vorschaltung von zentralen Regulationsinstanzen auf nationaler Ebene, die durch ein angedachtes multilaterales und globales

Kontrollsystem unterstützt werden können, leisten einen großen Beitrag für den gerechten Umgang mit GR.

Durch die im Protokoll geleisteten Definitionen von relevanten Begriffen ist ein höheres Maß an Klarheit geschaffen worden, was wiederum mehr Rechtssicherheit nach sich zieht. Die Definition von Biotechnologie im umfassenden Sinne (vgl. Nagoya 2010: 5) ermöglicht nun die Anmeldung von Ausgleichszahlung zu einem früheren Zeitpunkt. Auch die Definition zum Begriff Derivat ermöglicht es den indigenen Gruppen im Ursprungsland, nach einer Transkation von GR am Gewinn der Vermarktung der Erzeugnisse teilzuhaben – so zumindest die Formulierung in Artikel 5.1, die sich auf die Interaktion zwischen zwei Partnern bezieht, beispielsweise einer Firma und einem Nationalstaat.

In Artikel 5.2 wird jedoch ein eklatanter Mangel des Protokolls deutlich, denn eine monetäre Beteiligung von indigenen Völkern ist dort nicht direkt verankert. Die indigenen Völker werden zwar als Quellen und Urheber der vermarkteten Wissensbestände aufgeführt, tauchen aber nicht als Vertragspartner auf. Eine Teilhabe am Gewinn ist für diese Gruppe nur in der Phase von Entwicklung und Forschung vorgesehen, nicht aber in der Vermarktung. „Das Nagoya-Protokoll verwehrt somit den indigenen Völkern und lokalen Gemeinschaften das Recht, an den maßgeblichen Phasen der Wertschöpfung aus ihren Ressourcen teilzuhaben – nennenswerte (monetäre) Gewinne fallen in der Phase Forschung und Entwicklung nicht an" (Frein/Meyer 2012: 19). Wieso diese Entscheidung in einer solchen Form getroffen wurde, ist nicht bekannt. Die Lücke im Text des Protokolls ist aber – egal ob intendiert oder nicht – der gravierendste Verstoß gegen die sonst der Gerechtigkeit zuträglichen Festlegungen des Protokolls.

Ein weiteres Problem stellen die Compliance-Regelungen des Protokolls dar. Sie verweisen auf ein weiteres schwerwiegendes Problem: Es werden keine Sanktionen festgelegt, die einer

Nicht-Beachtung folgen. Ein Nicht-Einhalten der im Protokoll festgelegten Regelungen zieht zwar in den fest ausgewiesenen Fällen, die einen sanktionierbaren Rechtsfall im Sinne des Nagoya-Protokolls darstellen (illegale Aneignung von GR ohne Kooperation mit der nationalen Regierung), ein Rechtsverfahren nach sich, die Grauzonen werden aber nicht abgedeckt. Dies bringt besonders für die indigenen Gruppen, die nicht willentlich Opfer von Biopiraterie werden, Probleme mit sich, da eine solche Praxis nach dem Nagoya-Protokoll nicht sanktionsfähig ist. Weiterhin ist es aufgrund des Formulierungsfehlers in Artikel 5.2 auch noch immer möglich, Ausgleichszahlungen bei einer genauen Auslegung des Textes des Protokolls zu verweigern.

Die Festlegungen des Protokolls von Nagoya sind – um die eingangs gestellte Frage zu beantworten – allerdings zumindest theoretisch ein Schritt in Richtung einer gerechten Aufteilung der Vorteile, die aus der Nutzung von GR entstehen. Sie versuchen durch die Regelungen den Umgang mit GR zum Vorteil aller Parteien zu regeln und zu steuern und einen Ausgleich in Form von monetären Zahlungen zu ermöglichen. Die herausgearbeiteten Probleme der schwierigen Sanktionierbarkeit und der Formulierungsprobleme in Artikel 5.2 machen es aber – wie viele Dokumente in diesem Bereich – zu einer vielleicht gut gemeinten, aber wenig effektiven Instanz für den Umgang mit Biopiraterie. Zudem bringt es, bis auf die relevanten neuen Definitionen, wenig Neues im Vergleich zum Übereinkommen von Rio und kann somit eher als politische Interessenbekundung statt als wirkliches rechtliches Regulationsinstrument verstanden werden. Für eine Stärkung des Protokolls von Nagoya ist es nötig, die im Text des Protokolls enthaltenen Fehler in Bezug auf die monetäre Beteiligung der indigenen Völker auszuräumen und eine Möglichkeit zu schaffen, diejenigen, die nicht mit dem Protokoll konform gehen, zu sanktionieren.

Fazit

Die erkenntnisleitende Frage, *ob das Protokoll die Problematik der Biopiraterie eindämmen kann und der Gerechtigkeit zuträglich ist, oder ob es nicht vielmehr aus westlicher Perspektive die indigenen Völker und ihr Wissen den profitorientierten Unternehmen überlässt, ohne einen Ausgleich anzustreben*, konnte unter Rückgriff auf das ausformulierte Verständnis von Gerechtigkeit beantwortet werden. Das Protokoll von Nagoya stellt als Ergänzung zur Konvention von Rio einen weiteren relevanten Schritt zur Eindämmung der Biopiraterie dar. Hierfür schafft es einen theoretischen Rahmen, der mit seinen legislativen und administrativen Institutionen einen Vorteilsausgleich zwischen den beteiligten Parteien ermöglicht. Allerdings ist das Protokoll in seiner Wirkmächtigkeit stark eingeschränkt, da es zwar sanktionsfähige Fälle schafft, die Regelungen, die es vorsieht, aber zunächst umgesetzt werden müssen.

Das Potenzial hierfür ist jedoch im Protokoll angelegt, es muss nur genauer ausformuliert und in praxistaugliche Instrumente umgewandelt werden. Dieser grundlegenden Intention entsprechend ist das Protokoll der Gerechtigkeit zuträglich, da es mit der Integration von indigenen Interessen Rücksicht auf die schutzbedürftigen Gruppen nimmt, diesen aber, wie in der Diskussion des Protokolls gezeigt wurde, nicht in allen Fällen Ausgleichszahlungen zuspricht. Dieser fehlerhaften Formulierung und der mangelnden Sanktionsfähigkeit sowie den kaum ausformulierten Compliance-Regelungen zufolge ist das Protokoll zwar gut gemeint, aber schwer umzusetzen. Zudem greift es nicht die viel offensichtlicheren Stellen zur Vermeidung von Biopiraterie, wie das Patentrecht, an. Das Protokoll wertet somit zwar die Position der indigenen Gruppen auf und schafft ein erhöhtes Maß an Gerechtigkeit, ein starkes Übergewicht in Richtung der wirtschaftlich starken Konzerne der Ersten Welt ist aber weiterhin präsent. Es sind weniger solche

Protokolle, als vielmehr gravierende Veränderungen im Patentrecht, die von Nöten sind, um Biopiraterie in jeglicher Ausprägung zu verhindern. Hiermit verbunden sind auch genauere Auseinandersetzungen mit dem Wert des geistigen Eigentums und der Frage, ob Leben überhaupt patentiert werden darf.

Alle diese Fragen bearbeitet das Protokoll von Nagoya nicht. Trotzdem kann es als ein weiterer Schritt dahin gesehen werden, der indigenen Bevölkerung die ihnen zustehenden Rechte zuzusprechen, wobei diesem Denken bereits eine westlich-hegemoniale Idee von Eigentum und Recht innewohnt. Die Auseinandersetzung mit der Biopiraterie und der faktisch stattfindenden Ausbeutung der Biodiversität in Ländern des globalen Südens wird auch weiterhin ein sowohl politisch als auch wissenschaftlich brisantes Thema sein, welches ein großes Maß an Beachtung – auch aus ethischer Perspektive – benötigt.

Literaturverzeichnis

Brush, S. B. (1993): Indigenous Knowledge of Biological Resources and Intellectual Property Rights: The Role of Anthropology. In: American Anthropologist 95 (3), 653–671.

Brush, S. B. (1999): Biorespecting the Public Domain. In: Cultural Anthropology 14 (1), 535–555.

Fenner, D. (2010): Einführung in die Angewandte Ethik. Stuttgart.

Frein, M./Meyer, H. (2012): Wer kriegt was? Das Nagoya-Protokoll gegen Biopiraterie. Eine politische Analyse. Bonn.

Gepts, P. (2004): Who owns Biodiversity, and how should the owners be compensated? In: Plant Physiology 134: 1295–1307.

Höffe, O. (2010): Gerechtigkeit. Eine philosophische Einführung. München.

Kleidon, A./Mooney, H. A. (1999): A global distribution of biodiversity inferred from climatic constraints: Results from a process-based modeling study. In: Global Change Biology 6, 507–523.

Knoepffler, N. (2010): Angewandte Ethik. Stuttgart.

Landon, A. J. (2007): Bioprospecting and Biopiracy in Latin America: The Case of Maca in Perú, In: Nebraska Anthropologist 32, 63–73.

Mgbeoji, I. (2006): Global Biopiracy – Patents, Plants, and Indigenous Knowledge. New York.

Protokoll von Nagoya über den Zugang zu genetischen Ressourcen und die ausgewogene und gerechte Aufteilung der sich aus ihrer Nutzung ergebenden Vorteile zum Übereinkommen über die biologische Vielfalt (2010). Abrufbar unter: http://www.bfn.de/fileadmin/ABS/documents/Deutschsprachige%20Fassung%20Nagoya-Protokoll.pdf. Letzter Zugriff: 01.04.2015.

Reddy, S. (2006): Making Heritage Legible: Who Owns Traditional Medical Knowledge? In: International Journal of Cultural Property 13, 161–188.

Ribeiro, S. (2002): Biopiraterie und geistiges Eigentum – Zur Privatisierung von gemeinschaftlichen Bereichen. In: Görg, C./Brand, U. (2002): Mythen globalen Umweltmanagements: „Rio+10" und die Sackgassen nachhaltiger Entwicklung. Münster, 113–136.

Ritsert, J. (1997): Gerechtigkeit und Gleichheit. Münster.

Winter, G./Kamau, E. C. (2011): Von Biopiraterie zu Austausch und Kooperation. Das Protokoll von Nagoya über Zugang zu genetischen Ressourcen und gerechten Vorteilsausgleich. In: Archiv des Völkerrechts 49, 373–398.

Zude, H. U. (2006): Medizinethik (Bioethik II), In: Knoepffler, N./Kunzmann, P./Pies, I./Siegetsleitner, A. (Hrsg.): Einführung in die Angewandte Ethik. Freiburg/München.

Euler Renato Westphal

Protestantische Orientierungen
in einer postmodernen Kultur

Bioethische Herausforderungen
und lutherische Theologie

Originaltitel:

O Oitavo dia – na era da seleção artificial

(Der Achte Tag – Im Zeitalter der künstlichen Auslese)

Einleitung

Heutzutage ist die Postmoderne ein viel diskutiertes Thema, denn es wird angenommen, dass wir in einem sich von der Moderne unterscheidenden Zeitalter leben. Aber was bedeutet Postmoderne? Diese Frage kann wohl niemand abschließend beantworten. Trotzdem existieren Anhaltspunkte, die es uns erlauben, die Postmoderne als Epoche zu charakterisieren. Die Intention dieser Einleitung ist es, dies zu leisten. Wir wollen die Elemente analysieren, die eben diese Periode, in der wir leben, kennzeichnen, um ein besseres Verständnis von ihr zu erhalten und es uns so zu ermöglichen, gewissenhafte, kritische und vorausschauende Entscheidungen in einer als postmodern verstandenen Gesellschaft zu treffen.

Der Beginn der ersten als postmodern bezeichneten Periode kann in der Kunst, genauer noch in der Architektur verortet werden. Die Bauhaus-Schule, gegründet 1919 in Deutschland, war von Anfang an ein Projekt, das architektonische Konzepte theoretisierte und mit didaktischen und technologischen Elementen durchzog. Diese Erfahrung, die bis 1933 anhalten und die Lehre von Kunst und Architektur revolutionieren sollte, wurde vom Nationalsozialismus gestoppt. Den Schriften der Bauhaus-Denker nach sollten Funktion und Schönheit miteinander verzahnt werden. Auf die gleiche Art sollten Formen, Linien und Flächen auf essentielle und funktionelle Elemente reduziert werden, um so ein stimmiges und organisches Inneneinrichtungsprinzip zu gestalten, sich unterscheidend von einem Prinzip, welches immer mehr unnötige und diskordante Teile hinzufügte. Die organische Zusammenführung von Kunst und Handwerk sollte durch die Kombination von Bildhauerei, Malerei und Architektur, erschaffen durch die Hände von Millionen von Arbeitern, realisiert werden.[1]

---

1 Vgl. Steven CONNOR: *Cultura Pós-Moderna: Introdução às teorias do contemporâneo.* 3. Ed. São Paulo 1993, S. 58–82; David HARVEY: *Condição Pós-Moderna: Uma pesquisa sobre as origens da mudança cultural.* 8. Ed. São Paulo 1999.

Obwohl unsere Betrachtungen der Postmoderne auf die wissenschaftlichen Entwicklungen der letzten 20 Jahre die Folie der Bauhaus-Bewegung als theoretisches Fundament anlegt, ist und bleibt die Postmoderne natürlich ein breit gefächertes kulturelles, philosophisches und wissenschaftliches Spektrum. Wir nehmen in diesem Text an, dass Architektur und Design von großer Relevanz für das Verständnis der Beziehung zwischen Moderne und Postmoderne sind. Im Verlauf der Ausführungen wird es sich zeigen, dass die heutige Wissenschaft das Konzept der Neugestaltung nutzt, um über Nanotechnologie und Biowissenschaft zu sprechen. Aus philosophischer Sicht ist die Postmoderne, stark beeinflusst durch den deutschen Philosophen und Theologen Friedrich Nietzsche, Ende des 19. Jahrhunderts durch den Bruch mit universalisierenden und totalisierenden Konzepten eingeführt worden, der den von Nietzsche ausgerufenen Tod Gottes untermauert. Diese Perspektive ist für uns besonders interessant, da sie eng mit den speziell in den 1990er Jahren stattfindenden biotechnologischen Fortschritten verbunden ist.

Die Moderne – mit all ihrer mechanistischen Referentialität – ist sowohl durch Physik und Chemie als Wissenschaften als auch durch die Industrialisierung gekennzeichnet, in der die Natur durch Feuer verändert wurde, die Aufgabe des modernen Menschen vollziehend Macht über die Natur auszuüben. Newtons Physik mit ihrer Absolutheit von Raum, Objekt und Zeit ist das dominante Paradigma zur Interpretation der Realität der Moderne. In einer so mechanistischen Wissenschaft ist Realität nur innerhalb des kausalen Denkens nach Newton möglich. Deshalb ist es nötig, Realität als geschlossenes und messbares System zu beschreiben.

Die Postmoderne hingegen versteht Physik nur als einen Teil, nicht aber als das Ganze der Realität. Dies ist auch dadurch bestätigt, dass Wissenschaft über metaphysische Realitäten spricht, die mit dem Gehirn und dem genetischen Code in Verbindung stehen[2]. In dieser Perspektive ist die Biologie für das Verständnis von Realität als ein Netzwerk von Informationen, das im Inneren von Dingen gefunden werden kann, fundamental. Diesem Verständnis nach ist Realität konstituiert durch ein Netz an Informationen, welches von einigen Wissenschaftlern als *Geist* bezeichnet wird. Das Wort privilegiert die holistische Totalität der Realität auf eine so enorme Weise, dass biologische Metaphern nun sogar in der Computerwissenschaft genutzt werden. Der Computer hat ein „Bios", er kann von „Viren" befallen werden und es gibt „Impfmittel" in Form von Anti-Virenprogrammen, die vor Viren schützen und diese eliminieren können. Zudem haben wir auch eine Maus, um den Computer zu steuern. „Apple" ist die Firma, die den ersten Personal Computer entwickelt hat. Die Computer haben ein Gedächtnis, sie „denken" und sie sind intelligent. Heutzutage sprechen wir jederzeit über künstliche Intelligenz und benutzen nahezu jeden Tag Worte aus der Computerwissenschaft. Wir sprechen über Feedback, Embryonenprojekte, die Reprogrammierung von Firmen, den genetischen Code und genetisches Verhalten. Zudem wird, sich Metaphern aus der Biologie bedienend, über organisationale Evolution gesprochen, über Ideenbrutkästen und Projekte, die keimen und zu Firmen anwachsen sollen, über Stammkapital und über Innovationsmanagement als Verteilung von Saatgut.

Die Revolution, die sich in Informatik und Biologie zur gleichen Zeit vollzog, jede mit ihrem eigenen Potenzial, das soziale Miteinander und die Gesellschaft auf radikalste Art und Weise fundamental zu verändern[3], machte es erst möglich, überhaupt von Bioinformatik zu sprechen, die als Verbindung ebendieser

---

2   Vgl. John HORGAN: *O fim da ciência*. São Paulo 1998.
3   Vgl. John NAISBITT, Patrícia ALBURDENE: *Megatrends 2000: Dez novas tendências de transformação da sociedade nos anos 90*. 4. Ed. São Paulo 1990, S. 283.

zwei Komponenten die Rekonstruktion des menschlichen
Genoms ermöglichte und dem Menschen nun Instrumente
bereitstellt, das Genom neu zu strukturieren und umzufor-
men[4]. Einmal mehr sind wir hier auf die Logik der Ästhetik
und Architektur der Bauhaus-Schule verwiesen, wie sie sich im
Feld der Biotechnik zeigt. Während unserer Reflexion auf diese
Thematik sollten wir, allerdings oberflächlich, auch die Vorteile von Biotechnik und Nanotechnologie berücksichtigen, die
nutzbar gemacht werden, um den menschlichen Körper und
seine Funktionsweise zu stärken und zu verbessern.

„Der Kampf gegen die Universalien"

Das Wort Postmoderne tauchte zuerst in einem Text von Jean
François-Lyotard aus dem Jahr 1979 auf, in dem dieser auf einen
Aufruf der Regierung von Quebec (Kanada) reagierte, über das
Wissen in modernen Gesellschaften zu schreiben.[5] Lyotards
Vorschlag der Postmoderne bricht mit dem etablierten Begriff
der Moderne, und kann, wenn auch den kompletten Inhalt
nicht greifend, als intellektuelle Bewegung und Weltanschau-
ung verstanden werden, die Dezentralisierung und die Auflö-
sung von universalisierten Begriffen befürwortet. Totalisierende Narrative – Kirche, Gott, Ethik, Wahrheit, Wissen – werden
in Kerne überführt, die nur einzeln und fragmentarisch bestätigt werden können.

Ordnungsprinzipien oder Prinzipien der Kompatibilität mit
bereits existenten oder früher angenommenen Universalien

---

4 Vgl. Lucien SFEZ: *A Saúde Perfeita: Crítica de uma nova utopia*. São Paulo
   1996, S. 251–291.
5 Vgl. Peter ENGELMANN: Einführung. *Postmoderne und Dekonstruktion:
   Texte französischer Philosophen der Gegenwart*. Stuttgart 1993. S. 10; Jean-
   François LYOTARD: Randbemerkungen zu den Erzählungen. *Postmoderne und Dekonstruktion*. Stuttgart 1993, S. 49.

werden im post-modernen Denken nicht als zielführend angesehen und auch nicht angestrebt. Stattdessen findet ein Bruch
mit jeglicher Art von totalisierendem Konsens statt, der die radikale Inkommensurabilität von Wahrheit, Ethik und anderen
Universalien bekräftigt.[6] Lyotard nutzt die feindliche und mi-
litaristische Sprache um ein feindlich-missionarisches Projekt
heraufzubeschwören: „Krieg dem Ganzen, zeugen wir für das
Nicht-Darstellbare, aktivieren wir die Differenzen, retten wir
die Differenzen, retten wir die Ehre des Namens."[7]

In der postmodernen Vorstellung ist die Überwindung der
Gründe das einzige Kriterium zur Legitimierung von kulturellen Phänomenen. Nach Lyotard ist eine entschlossene Kultur,
so seltsam wie es erscheinen mag, aus sich selbst heraus legitim, auch wenn die instrumentelle Vernunft der Moderne in
ihr keine Bedeutung sieht. Das narrative Wissen einer Kultur
ist ein eigenständiges Sprachspiel, welches keine weitere Legitimation benötigt, auch wenn der wissenschaftliche Diskurs
das Sprachspiel als barbarisch, ignorant oder abergläubisch
klassifiziert. Nach Lyotards Verständnis sind beide Arten von
Sprachspielen legitim, unterscheiden sich aber ihren Voraus-
setzungen.[8]

In diesem Sinne spricht Lyotard von Metanarrativen, die
eben diejenigen Werte, welche die Moderne charakterisieren,
zum Ausdruck bringen. Diese Werte sind die Emanzipation des
Menschen durch Vernunft, Freiheit, der Fortschritt der kapitalistischen und wissenschaftlichen Gesellschaft und der moderne
bürokratische Staat, aber auch die großen Namen der kommu-
nistischen Revolution wie Stalin, Mao oder Castro. Neben diesen

---

6   Vgl. Steven CONNOR: *Cultura Pós-Moderna: Introdução às teorias do con-
    temporâneo*. 3. Ed. São Paulo 1993, S. 16.
7   Vgl. Jean-François LYOTARD: Beantwortung der Frage: Was ist Postmo-
    dern? *Postmoderne und Dekonstruktion*. Stuttgart 1993, S. 48.
8   Vgl. Jean-François LYOTARD: *Das postmoderne Wissen*. Graz 1986, S. 36–41;
    52–62.

nennt Lyotard als verstärkte Repräsentation einer Ideologie der Moderne die christliche Kirche, Hegels philosophisches Prinzip der Synthese, den Weltfrieden und das Ende des Konflikts zwischen Ethik und Politik. Sowohl Theorie als auch Praxis der modernen Gesellschaft sind durch diese Werte abgesichert und somit legitimiert. Nach Lyotard realisieren die Metanarrative ihre Verkündigungen von universalisiertem und gemeinsamem Gut aber nicht; auch nicht durch Wissenschaft und Technologie. Ganz im Gegenteil: Sie beschleunigen den Prozess des Verfalls und der Zerstörung. Daher sind für Lyotard die Metanarrative der Moderne, welche kapitalistische und wissenschaftliche Universalität legitimieren, selbstdekonstruierend und delegitimierend. Ein Beispiel hierfür war das Konzentrationslager Auschwitz, in welchem ein universalisiertes Prinzip der Moderne – die Menschen – zerstört wurde. Die Moderne nutzte in diesem Fall ihre Maximen der menschlichen Freiheit, der Geschwisterlichkeit und des Wohlstands gegen sich selbst.[9]

Die Kriterien der Leistung und Funktionalität

Im Gegensatz zur Philosophie der Moderne gibt es in der postmodernen Philosophie keine regulierende Machtinstanz oder einen konvergierenden Punkt, da weder Gerechtigkeit noch Wahrheit, noch Autorität als Kriterien in Frage kommen. Das einzig mögliche Kriterium ist Leistung, verstanden als Nützlichkeit und technische Machbarkeit. Die technische Leistung und die betriebliche Nützlichkeit von wissenschaftlichem Wissen werden als Wahrheitskriterien verstanden. Die unterschiedlichen Narrative der ausdifferenzierten und segmentierten wissenschaftlichen Teildisziplinen decken eine Vielzahl

---

9   Vgl. Jean-François LYOTARD: Randbemerkungen zu den Erzählungen. *Postmoderne und Dekonstruktion.* Stuttgart 1993, S. 49–51.

von möglichen Sprachspielen ab, aber es gibt kein gemeinsames und verbindendes Element. Im Gegensatz hierzu existieren die unterschiedlichen Sprachspiele in verschiedenen Sektoren und sind nicht miteinander kompatibel. Jedes Sprachspiel hat seine eigene theoretische Fundierung und Legitimationsgrundlage.[10] Nach Lyotard ist die Frage nach Legitmiation verbunden mit der Ausübung von Macht, die eine traditionelle Dialektik irrelevant macht. Das, was gesucht wird, ist nicht mehr wahr oder falsch, gerecht oder ungerecht, sondern die Kriterien Leistung und Nützlichkeit, Effizienz und Profitabilität rücken in den Mittelpunkt. Lyotard schreibt: „Die Frage (...) ist nicht mehr: Ist das wahr? sondern: Wozu dient es? Im Kontext der Merkantilisierung des Wissens bedeutet diese letzte Frage meistens: Ist es vermarktbar? Und im Kontext der Machtsteigerung: Ist es effizient?"[11]

Folgt man Lyotard, muss eine jegliche Ausbildungsphilosophie der Universität eine strikt funktionale sein: Das Wissen muss auf Programmiersprachen, die Rolle des Professors auf die einer Maschine reduziert werden. Diese Entwicklung muss sich nach Lyotard auch für Bibliotheken vollziehen. Es soll nicht länger mit Inhalten gearbeitet werden, sondern die Betonung liegt auf informatischem Wissen über Computer und deren Nutzung, welches dabei helfen soll die Frage zu beantworten, welches Programm für welche Aufgabe nützlich ist und wie Informationen durch Programme verfügbar gemacht werden können. Deswegen ist informatisches Wissen fundamental. Das universelle Wissen der Vergangenheit findet sich transformiert in den Datenbanken von heute, die Informationen enthalten, welche die Natur des postmodernen Menschen enthalten.[12]

---

10 Vgl. Jean-François LYOTARD: *Das postmoderne Wissen*, S. 140–156.
11 A. a. O., S. 150.
12 Vgl. a. a. O., S. 148–151.

Diese Konzeption von Leistung tritt dafür ein, dass Universitäten nicht die Funktion der Elitenbildung ausführen sollen. Nicht führende Einzelpersonen sind es, die eine Nation möglicherweise emanzipieren können, sondern kompetente Personen, die den Bedarf der freien Stellen in den verschiedenen Gebieten technischen Wissens abdecken können. Diese Techniker – Mediziner, Ingenieure, Zahnärzte, Wissenschaftler, Biologen – müssen in der Lage sein, als Akteure ihre Ausbildung zu repräsentieren und ihre Funktion im Leistungssystem gut ausfüllen zu können. In so einem pragmatischen System ist der Professionelle ein im System platzierter Akteur, der im System funktioniert. Die Universitäten müssen, nach Lyotard, eine Rolle einnehmen, die die Systemleistung steigert.[13]

Interdisziplinäres Wissen

In diesem Kontext ist Interdisziplinarität (ID) ein fundamentaler Aspekt der Postmoderne. ID strebt keine Synthese des Universalen und auch keine Realisierung des guten menschlichen Lebens und der menschlichen Freiheit an, sondern sie nutzt die Vorteile, Konzepte und komplexen Instrumente des Leistungsgedankens. Wissenschaft funktioniert nur im Team, dessen Steuerung ein funktionelles Kriterium ist. Unter diesem funktionellen Kriterium können Gerechtigkeit und Wahrheit nur in den Kategorien Leistung und Produktion von multidisziplinären Bemühungen gedacht werden. Das, was in diesem Prozess zählt, sind die Agenten, die die Techniker der Leistungsprofessionen vorbereiten. Die funktionalen Professionen werden unterstützt, wohingegen die „professional intelligentsia",

---

13 Vgl. a. a. O., S. 142–145.

Literaturwissenschaft und Sozial- und Verhaltenswissenschaften an den Universitäten ignoriert werden.[14]

Lyotard schreibt hierzu:

> „Was aber sicher scheint ist, daß in beiden Fällen die Delegitimierung und der Vorrang der Performativität der Ära des *Professors* die Grabesglocken läuten: Er ist nicht kompetenter zur Übermittlung des etablierten Wissens als die Netze der Speicher, und er ist nicht kompetenter zur Erfindung neuer Spielzüge oder neuer Spiele als die interdisziplinären Forschungsteams."[15]

Die Begründung für die ID verortet Lyotard in der paradoxen Konzeption der Quantenphysik, wobei er besonders auf die Gedanken Werner Heisenbergs verweist. Die Logik des Paradoxen unterliegt ebenfalls merkantilistischem Interesse, da die Effizienz der paradoxen Logik nicht in sich selbst, sondern im Interesse von jemandem, der die Theorie unterstützt, liegt. Das, was Lyotards Ausführungen legitimiert, ist die Frage danach, was ein Argument wert ist und was wissenschaftliche Beweise wert sind.[16]

Die Frage ist nun, ob Lyotard mit seiner Inkorporierung der heisenbergschen Theorie nicht selbst neue Universalien setzt. Er spricht vom Paradox der Realität Gottes als Hypothese der Einheit zwischen Gott-Mensch und Gott-Mensch-Welt. Auf diese Weise ist Gott – als Universalie gedacht – die Grundlage der Interdisziplinarität, die das absolute Subjekt und Objekt überwindet. Der Bruch mit der Realität Gottes erst war es, der die Dichotomie zwischen Subjekt und Objekt ermöglichte. Wäre dann Postmoderne nicht nur ein anderer Ausdruck für die Moderne?

---

14 Vgl. a. a. O., S. 144–145, 153–156.
15 A. a. O., S. 156.
16 Vgl. a. a. O., S. 157–166. Vgl. auch Werner HEISENBERG: *Física e Filosofia*. 4. ed. Brasília 1998, S. 112–18.

Lyotards Paradox privilegiert die abweichende Meinung, da diese die Logik der Legitimation von Macht durchbricht, die charakteristisch für das zentralisierende Narrativ des Konsens ist. Wissenschaft ist verknüpft mit Informationswissenschaft und der Ausübung von Macht durch Regierungen, was nur die Aussage Bacons bestätigen würde, dass Wissen Macht sei.[17] Die wissenschaftliche Diskussion zielt auf Konflikte der unvollständigen Information ab. Postmoderne Wissenschaft selbst ist sich ihrer eigenen Diskontinuität bewusst und auch der paradoxen und katastrophalen Situation, dass sie nicht Wissen, sondern Nicht-Wissen erzeugt.[18]

Das wissenschaftliche Wissen sucht auf fieberhafte Art den Bruch mit den überschrittenen Paradigmen. Das neue Paradigma manifestiert sich allerdings für den unmittelbaren Gebrauch und für die Steigerung der Profitabilität und nicht für den Fortschritt des Wissens und das Wissen an sich. Der Fokus der Postmoderne liegt auf der Meinungsverschiedenheit, die als treibende Kraft der Leistung genutzt wird. Somit wären in dieser Logik Leistung und Dissens die neuen leitenden Paradigmen an den Universitäten.

Dissens generiert Erfindungen, was einen fundamentalen epistemologischen Bruch bedeuten würde. Dementsprechend ist es nötig, multiple miteinander inkompatible Sprachspiele zu haben, die koexistieren und parallel zueinander laufen. Lyotard sucht genau diesen Bruch mit den alten überwundenen Paradigmen und bekräftigt den Dissens als ein neues Paradigma. Diesen Vorschlag offeriert er unter Rückgriff auf Thomas Kuhns Theorie der Struktur wissenschaftlicher Revolution und der damit verbundenen revolutionären Veränderung von Paradigmen.[19]

---

17 Vgl. Jean-François LYOTARD: *Das postmoderne Wissen*, S. 34.
18 Vgl. a. a. O., S. 176.
19 Vgl. a. a. O., S. 177. Vgl. auch Thomas S. KUHN, *A Estrutura das Revoluções Científicas*. [The Structure of Scientific Revolutions]. 3. ed. São Paulo 1992.

Eugenische Utopien der Postmoderne[20]

Wir können feststellen, dass neue Technologien sich bereits in der utilitaristischen Tradition Bacons wiederfinden. Für Bacon muss Wissenschaft den Zweck haben, Natur dem Herrschaftsgebiet des Menschen und der unterschiedslosen Nutzung durch den Menschen unterzuordnen.[21] In der postmodernen Vision muss die Technik im unbedingten Dienst des Menschen stehen. Natur ist nur so lange nutzbringend und erlangt Wert, wie sie für die Menschheit nutzbar gemacht werden kann. Die Herrschaft über die Natur wäre dann der hermeneutische Schlüssel, der es ermöglicht, Herrschaft über Menschen als politische Herrschaft auszuüben.[22] In diesem Sinne schreibt Francis Bacon: „Wissen und Macht des Menschen treffen in demselben zusammen, weil die Unkenntnis der Ursachen die Wirkung verfehlen lässt."[23]

Ganz ähnlich zu Gedanken der Moderne hat auch die Postmoderne ihren eigenen Mystizismus und ihre eigene Kosmologie. Neben Referenzen in Ästhetik und Architektur ist auch die Religion präsent in den Vorstellungen der wissenschaftlichen Community, besonders in der Biomedizin. Dort gibt es eine messianistische und eschatologische Hoffnung auf eine zukünftige Welt ohne Böses, ohne Krankheit und Tod

---

20 Vgl. Lucien SFEZ: *A saúde perfeita: crítica de uma nova utopia*, S. 103; 129–181.

21 Vgl. David HARVEY: *Condição Pós-Moderna: Uma pesquisa sobre as origens da mudança cultural.* 8. Ed. São Paulo 1999, S. 219 (The fragmentation and limitation of space as fundament for the dominion of totality: Applied to the Genome Project).

22 Vgl. Oswald BAYER: *Freiheit als Antwort:* Zur theologischen Ethik. Tübingen 1995, S. 283. Dieses Thema wurde auch von Thomas Hobbes aufgegriffen und in der Figur des Leviathans gefasst, der die politische Ausübung von Macht über die Gesellschaft symbolisiert.

23 Francis BACON: *Neues Organon 80/81.* Die Übersetzung des lateinischen Worts Scientia muss wie folgt lauten: Das menschliche Wissen oder Wissen. Der lateinische Originaltext sagt: Scientia et potentia in idem coincidunt (...).

und schlussendlich die Hoffnung auf ein ewiges Leben. Im Minimalfall wird mit der Hoffnung auf einen späteren und verzögerten Tod des Menschen gearbeitet. Die in der DNA gespeicherten Informationen werden dabei als unsterblich verstanden und könnten über den Prozess des Klonens verewigt werden. Tatsächlich wird dies auf absehbare Zeit in den nächsten Jahren eine realistische Möglichkeit sein. Der beständige Wunsch, den genetischen Typ einer zu früh verstorbenen geliebten Person durch den Prozess des Klonens zu erhalten, ist vorhanden.[24] Die Suche nach der Unsterblichkeit, veranschaulicht an jeder Person zu jeder Zeit und in jedem kulturellen Rahmen, ist hierbei eine der fundamentalen Triebkräfte.

Lucien Sfez drückt dies wie folgt aus:

> „This horizon of the perfect or becoming perfect man does not give us back only the progress, this progress in which we didn't have confidence since 68. It also gives us back the identity, for purification is done in our genes. Impure, they make us incomplete beings, imperfect, incapable. Made better and purified, we become complete, perfect and capable. Our reality is in our genes. Also our identity is in it."[25]

Ausgehend von diesem Mystizismus sollen Gruppen von genetischen Informationen mit dem Ziel konserviert werden, sie zunächst zu bewahren und ihnen dann in der Zukunft garantiert Unsterblichkeit zu ermöglichen. Dies setzt eine neue Kosmologie ein, die nicht mehr auf dem Wissen von der Realität basiert, wie es in der modernen Wissenschaft üblich war. Vielmehr ist es nun die Beziehung zwischen dem, was aus der Moderne bekannt ist, und dem, worüber die Kosmologie der

---

24 Vgl. Darlene MENCONI: Cópias Humanas. ISTOÉ. 1642, S. 78–80. 21 mar. 2001. Vgl. auch Jeremy RIFKIN: O Século da Biotecnologia. A valorização dos genes e a reconstrução do mundo. São Paulo 1999, S. 229–231.

25 Lucien SFEZ: A Saúde Perfeita: Crítica de uma nova utopia, S. 311.

Postmoderne informiert. Das bedeutet, dass in letzterer nicht mehr Wissen über die Welt, sondern die Anzahl der verfügbaren Informationen über die Welt von Interesse ist.

Information und nicht notwendig Wissen als das Maß aller Dinge in der Postmoderne bezieht sich auf das zwingend notwendige Bewusstsein des Menschen für die Veränderungen der Gesellschaft. Trotzdem muss das Bewusstsein der gesellschaftlichen Veränderung an die Kapazität zur Anpassung an diese Veränderungen und an die in diesem Zusammenhang entwickelten Kreativen Prozesse angebunden werden.

Das Wissen von Gestern ist dementsprechend verfinstert durch die Informationen von heute. Die heutigen Informationen unterscheiden sich von denen der Moderne, die noch von kompakten Entdeckungen lebte, welche die Realität der Welt in einer präzisen Form beschrieben. Eine solche Konzeption findet sich sowohl im Mittelalter als auch in der positivistischen Interpretation von Natur und Gesellschaft wie bei Charles Darwin oder auch Karl Marx. Die universalen Wahrheiten der Moderne werden aber nicht länger akzeptiert.[26] Dennoch werden andere Utopien erfunden werden, wobei eine der großen postmodernen Utopien, das Erreichen der „Großen Gesundheit" – versprochen von der Gentechnik – ist. Diese Utopie strebt nach der Entwicklung des perfekten Menschen. Charakteristisch für diese Utopie ist die messianistische Heilserwartung, die mit dem Versprechen der „Großen Gesundheit" einhergeht, in dem Tod, Krankheit und der Sinn des Lebens – empfunden als störend und archaisch – definitiv überwunden sein werden.

Der bekannte Superheld Superman ist der perfekte Mensch, ein engelhaftes Wesen. Dieser Vorstellung entsprechend strebt

---

26 Vgl. Jacques DERRIDA: Die différance. In: Peter ENGELMANN (ed.). Postmoderne und Dekonstruktion: Texte französischer Philosophen der Gegenwart. Stuttgart 1990, S. 76–113. Vgl. auch Steven CONNOR: Cultura Pós-Moderna: Introdução às teorias do contemporâneo. 3. São Paulo 1996.

das neue Verständnis von Menschheit nach genetischer Unsterblichkeit. Die Erwartung nährt ihren Verweisungszusammenhang aus dem manichäischen antagonistischen Prinzip des Guten – der Gesundheit – und des Bösen – der Krankheit. Lucien Sfez erläutert dies auf folgende Weise: „The devil, thus, is no longer in the social, in our history, in our environment; it is in us, enthroned in our genes. Once there already is knowledge of where the devil is, it can be expelled and we become angelical".[27]

In der postmodernen Konzeption sind Wissenschaft und Ethik spielerische Feiern, die in einem festgelegten kulturellen und sozialen Kontext konstruiert werden mit der Intention, konkrete Antworten auf konkrete Fragen in eben diesem Kontext zu geben. Das bedeutet, dass der Mensch das Subjekt der Schöpfung ist, da er die Realität durch die Rekombination der genetischen Typen neu erzeugen kann. Das menschliche Wesen versteht sich selbst als einflussreiches Instrument im evolutionären Prozess, welchen es je nach Maßgabe seiner gestalterischen und technischen Sensibilität remodelliert. Wir als Menschen kreieren die Welt und werden dabei von niemandem überwacht, da die Natur einzig und allein durch den Eingriff des Menschen neu erschaffen und erneuert wird und nicht durch die Pflege und Gnade Gottes.

All dies kann zu einer „Schönen Neuen Welt" im Sinne Aldous Huxleys weiterleiten, ein Ausdruck von tiefer Demut, da die objektiven Wahrheiten durch subjektive Wahrheiten überwunden sind und sich unterschiedliche Perspektiven der Wahrheit durch die kreativen Möglichkeiten des Wissensnetzes erschließen. Insofern kann Gott nicht als Hypothese von wissenschaftlichen Arbeiten aufgefasst werden. Heteronomie – in Form von ethischen Universalien – wird unterstützt durch das Dogma der Wissenschaft und die Vorherrschaft der

---

27 Lucien SFEZ. *A Saúde Perfeita: Crítica de uma nova utopia*, S. 312.

Technik. Die Postmoderne, den Dissens und die partikulari-
sierten Wahrheiten auf Kosten eines Verlusts von Universalien
unterstützend, erzeugt andere Totalitarismen, beispielhaft
eben Profitabilität, Funktionalität und Leistung. Diese Totalitarismen, auch den der Wissenschaft enthaltend, sind die
Früchte einer grundlegenden Ablehnungshaltung gegenüber
anderen leitenden Referenzen des menschlichen Lebens.

Der unabhängige Mensch, der sich selbst von religiöser und
politischer Unterdrückung befreit, erschafft eine andere Art
von Unterdrückung: eine techno-wissenschaftliche Unterdrückung. Deren Geringschätzung des menschlichen Lebens und
der Umwelt äußert sich in der Reduzierung der Schöpfung und
des menschlichen Lebens auf ein weiteres Forschungsobjekt. In
großem Maß bezieht die technische Rationalität ihre Referenzpunkte aus der pragmatischen und utilitaristischen Funktionalität, typisch für eine postmoderne Logik.[28]

Mit den Genen ist nun ein neues Symbol und zugleich der
relevanteste neue Referenzpunkt der postmodernen Kultur in
den Mittelpunkt gerückt worden. Von den Genen aus verstanden ist Leben eine Kunst, die Kreativität und die Möglichkeiten
von kosmologischen Lesarten eben dieser in Bezug auf verschiedene Perspektiven privilegiert. Die Frage nach der Objektivität
scheint anfechtbar. So haben beispielsweise Dilthey, Schleiermacher und auch Gadamer bereits von der facettenreichen Interpretation der Realität gesprochen, die die Möglichkeit einer
objektiven Darstellung mehr als fraglich erscheinen lassen.[29]

28 Vgl. Débora DINIZ, Marcos de ALMEIDA: Bioética e Aborto. In: Sérgio
    IBIAPINA FERREIRA COSTA, Gabriel OSELKA, Volnei GARRAFA (Org.):
    Iniciação à Bioética. Brasília 1998, S. 125–137. Vgl. auch Franklin LEO-
    POLDO E SILVA: Da ética filosófica à Ética em Saúde. In: Sérgio IBIAPINA
    FERREIRA COSTA, Gabriel OSELKA, Volnei GARRAFA (Org.): Iniciação à
    Bioética. Brasília 1998, S. 19–36; Jeremy RIFKIN: O Século da Biotecnologia,
    S. 232.
29 Vgl. Hans Georg GADAMER: Verdade e Método: Traços fundamentais
    de uma hermenêutica filosófica. 2. Ed. Rio de Janeiro 1998; Friedrich

Die Rekombination von Lebewesen geht mit der Ausweitung der technischen Macht einher. Zudem wurde Technik immer als Wissen, transformiert in die Ausübung von Macht über die Natur, verstanden, wohingegen Kunst ein Ausdruck von Spiel, Sinnbildhaftigkeit und Liebe ist. In diesem Zusammenhang werden die neuen wissenschaftlichen Technologien zu Mitteln der Machtausübung durch die Technik der Neuzeichnung von Menschen und anderen Lebewesen in Form von Veränderung des Genoms und der Ausmerzung von den kleinen, aber mächtigen Göttern. Aus dieser Darstellung ergibt sich eine Unterdrückung, wenn nicht sogar Erstickung, von künstlerischen und religiösen Elementen des Menschen, obwohl gerade dieser Teil des menschlichen Ausdrucks einer tief gehenden Verbundenheit mit der Welt und der Sozialisation von alltäglicher Erfahrung sind.

Ausschlaggebend ist die Technik als radikale Ausübung von Macht bis zu dem Punkt, an dem der genetische Code des Menschen verändert wird. Zudem hätte die Bioinformatik die Möglichkeit ein neues Konzept von Kunst zu kreieren, da sie eine neue Form von Lebewesen in Abgrenzung zu den alten konstruiert. Dies könnte dann als religiös-künstlerischer Ausdruck verstanden werden, konstruiert von den kleinen, aber mächtigen Göttern der Bioinformatik. Insgesamt lässt sich ein Unterordnungsprozess ausmachen, der Religiöses und Künstlerisches der Macht der Biotechnologie unterordnet, was besonders während der 90er Jahre deutlich wurde. Alle Dinge sind dem Leitziel der technischen Performanz untergeordnet. Dies bedeutet, dass technische und ökonomische Nützlichkeit das Maß aller Dinge wurde, und hierbei Kunst, Spiritualität, die

---

SCHLEIERMACHER. Hermenêutica: Arte e Técnica da interpretação. 2. Ed. Petrópolis 1999; Luís Henrique DREHER: O método teológico de Friedrich Schleiermacher. São Leopoldo 1995 (Série Teses e Dissertações).

christliche Kirche und schlussendlich das menschliche Leben diesem Maß untergeordnet wurde.[30]

Von diesem Punkt an wird nicht mehr die Realität Gottes gesucht, sondern die Gene werden befragt. Auf diese Art entsteht eine neue messianistische Erwartung und eschatologische Hoffnung, die sich rund um die Biotechnologie entwickelt. In dieser Ordnung sind es genetische Anomalien, die im großen Format Krankheiten wie Krebs bedingen. In den Genen wird dann auch die erblich bedingte Störung gesucht, dabei alle Methoden nutzend, um die Zukunft eines zukünftigen Menschen vorherzusagen. Hierbei überschreitet das Interesse an der Zukunft die Grenzen der Empfängnis und der Schwangerschaft.[31]

Aber die Gene sind nicht nur für Krankheiten verantwortlich. Auch wird ihnen zugesprochen für die Tendenz einer Person verantwortlich zu sein, den Ehepartner zu betrügen. Wir stehen kurz vor dem säkularisierten Verständnis der calvinistischen Doktrin der Prädestination in Form des genetischen Determinismus. Ethisch tadelnswertes Verhalten wird der genetischen Programmierung des Menschen zugeschrieben. Neben dieser Entwicklung besteht nun die Möglichkeit einer vorausschauenden, prophetischen Medizin (in dieser Form den genetischen Determinismus unterstützend), die Diagnosen bereits zu einem Zeitpunkt stellen kann, bevor eine Person erkrankt. Diese genetischen Informationen können von Firmen oder Organisationen des Gesundheitssystems bis zur Diskriminierung und Exklusion nutzbar gemacht werden.

---

30 Vgl. Erich FROMM: *Haben oder Sein: die seelischen Grundlagen einer neuen Gesellschaft*. 9. Ed. München 1981, S. 141–147; Erich FROMM: *Die Kunst des Liebens*. Frankfurt/M; Berlin 1980, S. 140–146; Herbert MARCUSE: *Der eindimensionale Mensch: Studien zur Ideologie der fortgeschrittenen Industriegesellschaft*. 15 ed. Darmstadt 1980.

31 Vgl. Sérgio Danilo J. PENA, Eliane S. AZEVEDO: *O Projeto Genoma Humano e a Medicina Preditiva: Avanços técnicos e dilemas éticos*. In: Sérgio IBIAPINA FERREIRA COSTA, Gabriel OSELKA, Volnei GARRAFA (Org.): *Iniciação à Bioética*. Brasília 1998, S. 139–156.

Die internationale medizinische Gemeinschaft überschätzt die genetischen Faktoren bei der Diagnose von Krankheiten und unterschätzt den Einfluss von individuellem Verhalten und strukturellen Bedingungen wie dem Einfluss der direkten Umwelt. Es sollte beachtet werden, dass es trotz allem nicht nur der genetische Code ist, der dafür ausschlaggebend ist, ob ein Mensch an einer Krankheit erkrankt. Um dies zu verdeutlichen, ist es notwendig, dass andere Faktoren, die mit der Umwelt verknüpft sind und eine Erkrankung möglicherweise mitbedingen, mit einbezogen werden. Diese Faktoren können beispielsweise bei Krebs, Herzerkrankungen, Diabetes oder auch Anämie, also Blutarmut, ausgemacht werden.[32]

Das eschatologische Wissen der Biotechnologie kann genutzt werden, um die Praktik der eugenischen Abtreibung zu rechtfertigen. Zudem ermöglicht sie es zu entscheiden, wann und wie gestorben wird. Biotechnik wird es ebenfalls ermöglichen, genetische Informationen für Versicherungen, Krankenkassen, Staaten oder Partnerinnen zugänglich zu machen. Krankheiten, Persönlichkeitszüge und Depressionen können über die fortgeschrittenen Methoden der Biotechnologie diagnostiziert werden. Der Mensch wird so permanent überwacht werden, damit Ärzte die richtige Therapie antizipieren können, wenn eine Krankheit auftritt.[33] An dieser Stelle setzt folgender Hinweis an:

„Es ist so, dass sich in den 90er Jahren in der Nord-Amerikanischen Medizin die Begriffe disability („Behinderung"), imperfection („Unvollkommenheit"), defectivity („Defektivität") entwickelten. Diese Ideen eines nicht kompletten, nicht perfekten und nicht fähigen Menschen nehmen eine prominente

---

32 Vgl. François JACOB: *O rato, a mosca e o homem*. São Paulo 1997, S. 103–105; Volnei GARRAFA, Sérgio IBIAPINA FERREIRA COSTA, Gabriel OSELKA: *A Bioética no Século XXI*. Bioética. Brasília Vol. 7. Nº 2. 1999, S. 207–212.

33 Vgl. François JACOB: *O rato, a mosca e o homem*, S. 103–107.

Position in den Praktiken der pränatalen Gesundheitsversorgung ein. Und die neuen Technologien sind die, die in der Lage sind, den perfekten Menschen in schillerndsten Farben zu malen."[34]

---

34 Lucien SFEZ: *A Saúde Perfeita: Crítica de uma nova utopia*, S. 178 (Übersetzt von Sebastian Engelmann).

Experimente an Menschen
Das neue Design der Bricolage

Die Biotechnologie läutete einen schwerwiegenden Transformationsprozess für die Menschheit ein; die technologische Revolution hat, um allgemeine Fachtermini zu nutzen, das Potenzial Leben in seiner Gesamtheit zu reorganisieren. Die Industrialisierung brachte außergewöhnliche Beiträge zur Entwicklung der Menschheit, schuf aber zugleich eine Krise von apokalyptischem Ausmaß, da der Einfluss der Industrialisierung auf die Umwelt nicht nur Wälder in Brachflächen verwandelte und die Desertifikation beschleunigte, sondern auch Umweltverschmutzung und die Verseuchung von Luft und Boden vorantrieb. Von den Mechanismen sozialer Exklusion, die durch die industrialisierte Produktionsweise entstanden, gar nicht erst zu sprechen. Erst kürzlich wurde herausgefunden, dass in der Region von Corupá, in Santa Catarina, Frösche von Mücken aufgrund von Disbalancen im Gleichgewicht der Biodiversität der Region getötet wurden.[35] Dies untermauert auch die Beobachtung, dass viele Spezies als Folge der Zerstörung und Veränderung der Umwelt verschwinden.[36]

Die fundamentale Krise, die durch das Paradigma der Industrialisierung hervorgerufen wurde, kann durch die folgenden

---

35 Vgl. Carlos CABAGLIA PENNA: O Estado do Planeta: Sociedade de consumo e degradação ambiental. São Paulo 1999, S. 59–126. Projeto de Corupá ganha apoio de O Boticário. A Notícia. Caderno A9. 28 março de 2001.

36 Vgl. Alexandre MANSUR: Silêncio no brejo. Veja. Ed. 1574. Ano 31. N° 47, S. 87. 25 de nov. 1998; S. Marcelo LEITE: O risco dos Vírus emergentes. A Notícia. 22 de agosto 2000; Marco Antônio BECKER (Coord.): Mortes por Febre Amarela voltam a assombrar o país. Medicina: Conselho Federal. Jan. 2000. 15:113, S. 18–20. Die Aktionen des CFM sind stark begrenz, da sie das Problem der Rückkehr von Krankheiten nur auf den Mangel an Investition in öffentliche Gesundheitsvorsorge rückbeziehen, in diesem Fall genauer auf Impfkampagnen. Allerdings ist ebenfalls bekannt, dass das Problem auch mit der Zerstörung und Verschmutzung der Umwelt in Zusammenhang steht.

Themen blitzlichtartig zusammengefasst werden: Die Verfügbarkeit von fossilen Brennstoffen nimmt immer weiter ab, der
globale Treibhauseffekt erhitzt die Atmosphäre und den Planeten und die Biodiversität nimmt zusehends ab. Zudem entstehen neue Krankheiten und alte, als bereits besiegt verbuchte
Krankheiten tauchen erneut und in veränderter und verstärk-
ter Form wieder auf.

In diesem Zusammenhang erzeugt auch die „Neue Genetik"
– die ihren Namen der Integration neu gewonnener Erkennt-
nisse über die DNA verdankt – neue Probleme und radikalisiert
bereits bestehende. Gentechnologie, angewendet auf die Präna-
talmedizin, generiert neue Probleme und stellt die Gesellschaft
vor neue ethische Herausforderungen. Hierbei sind der Zugang
und die Verfügbarkeit von Technologien genetischer Medizin
und die damit verbundene Frage nach Verteilungsgerechtig-
keit von besonderer Wichtigkeit.

Ein weiteres Problem liegt in der Ableitung von Grundsät-
zen zur Abtreibung, die sich aus einer Diagnose durch die neue
Gentechnik ergeben. Hier ist es das Wissen um die genetische
Diagnose und den Abbruch der Schwangerschaft, das Probleme von Pflichten und Verpflichtungen zwischen der aktuellen
und der zukünftigen Generation aufwirft. Trotz dessen gibt
es eine bedeutende Distanz zwischen der Notwendigkeit von
medizinischen Leistungen und der Möglichkeit von medizinischen Leistungen. Diese Differenz wirkt noch schwerwie-
gender, wenn es um die Armen der Bevölkerung geht. Gerade
in diesem Gebiet werden die ethischen Probleme der Medizin
verdichtet virulent und müssen in einer interdisziplinären Herangehensweise diskutiert werden.

Es ist Fakt, dass die Fortschritte der Gentechnik sowohl die
ethische Reflexion als auch die Forschungseinrichtungen und
die Rechtssysteme überflügelt haben. Im Moment zeichnet sich
ein neues Paradigma von sozialer und technologischer Konstruktion ab, das eng mit dem Paradigma der Biotechnologie

verknüpft ist. Jeremy Rifkin, ein respektierter, aber auch kontrovers diskutierter Wirtschaftswissenschaftler von der Universität von Pennsylvania, spricht von sieben verschiedenen Fäden, die eine operative Matrix der neuen, von Biotechnologie bestimmten Ära bilden.[37] Diese sieben Elemente synthetisieren alle der postmodernen bioethischen Belange.

Der erste Aspekt ist die Kapazität zur Isolation, Identifikation, Rekombination und Manipulation der genetischen Ressourcen mit der Intention einer kommerziellen Erforschung und Nutzbarmachung. Das zweite Element spricht von der Erlaubnis der Patentierung von genetischen Komplexen wie genetisch produzierten Stoffen, Organen oder Organismen, von denen ausgehend die Firmen, die diese Patente besitzen, neue Ressourcen erschließen können. Der dritte Faden des Netzes ist die Globalisierung der biologischen Industrie, die alle Ressourcen des Planeten mit der Aufgabe der Erschließung aufspürt und kartographiert. Die Globalisierung des Handels erschafft die Möglichkeit einer Kommerzialisierung aller Bereiche des Lebens, von Landwirtschaft bis hin zu Medizin. Das vierte Element ist die technische Möglichkeit der Wiederherstellung einer eugenischen Gesellschaft, in der die genetische Selektion anhand der Vermessung der ca. 21.000 Gene des menschlichen Genoms erfolgt. Der fünfte Aspekt ist das Wissen um menschliches Verhalten aufgrund genetischer Faktoren und die unterstützende Manipulation der öffentlichen Meinung über die neuen Technologien.

All diese Elemente zusammenfassend existiert noch ein Sechstes in Form der Informatik. Die Informatik schafft neue Möglichkeiten der Kommunikation und Organisation von Biotechnologie und wird genutzt, um Biotechnologie zu dechiffrieren, zu katalogisieren und in großem Maße zu organisieren. Der letzte Faden des Netzes muss von einem

---

37 Vgl. Jeremy RIFKIN: *O Século da Biotecnologia*, S. 9.

philosophisch-ideologischen Gesichtspunkt aus verstanden werden, da er eine Neuinterpretation der Evolutionstheorie ist, und diese den neusten biotechnologischen Fortschritten anpasst. Der Evolutionsprozess würde nicht mehr gemäß eines natürlichen Prozesses voranschreiten, sondern er würde durch den Menschen selbst, der die genetische Landkarte verändert und die in ihr enthaltenen Defekte behebt, vorangetrieben werden.

An dieser Stelle ist eine historische Anmerkung angebracht: In den 50er Jahren war es den Biologen Watson und Crick zum ersten Mal möglich, Chromosomen und Gene zu identifizieren. Nach ihnen sollten noch viele andere folgen wie der einflussreiche Franko-Jüdische Wissenschaftler François Jacob.[38]

Ab 1988 traten viele Regierungen um das Humangenomprojekt zusammen, welches in seine Forschungsarbeit auch Pflanzen, Tiere und Mikroorganismen einschloss. Diese Ausweitung des Forschungsgegenstandes auf eine Dechiffrierung des Genoms verschiedener Lebewesen verdeutlicht, dass die Identifizierung und Kartographierung des genetischen Codes mit dem Ziel der Rekombination verbunden ist. Dieser Vorgang vollzieht sich in verschiedenen Schritten. Zuerst werden Enzyme genutzt, um die DNA-Moleküle von einem Bakterium zu separieren. Die Enzyme werden in diesem Vorgang wie ein chemisches Skalpell genutzt. Nachdem die DNA in Stücke geschnitten wurde, wird ein kleiner Teil des genetischen Materials separiert. Der gleiche Vorgang wird dann beispielsweise in einem Bakterium vollzogen. Die Enden von beiden ursprünglichen DNA-Segmenten werden dann „verbunden", wodurch ein genetisches Ganzes geformt wird. Das modifizierte Bakterium fungiert dann als Vehikel, um die DNA in eine Wirtszelle weiterzutransportieren, die wiederum ein Bakterium ist. So beginnt das Bakterium sich selbst zu multiplizieren

---

38   Vgl. François JACOB: *O rato, a mosca e o homem*, S. 32–69.

und produziert identische Kopien. Die DNA wurde so durch die Multiplikation des Bakteriums geklont.[39]

Bevor wir unsere Argumentation fortsetzen, ist es nötig einige biotechnologische Definitionen zu klären. Die genetisch modifizierten Organismen (GMOs) auch bekannt als „transgene" Organismen, sind die Früchte der Gentechnologie, die wiederum das Ergebnis der modernen Biotechnologie ist. Ein Organismus wird dann transgen genannt, wenn in seiner DNA, die Charakteristika des lebendigen Wesens enthält, eine Veränderung vorgenommen wurde. Durch die Gentechnologie werden Gene von pflanzlichen oder tierischen Lebewesen entnommen und auf andere Organismen übertragen. Diese neu eingebauten Gene brechen die DNA-Sequenz, die eine Art der Reprogrammierung erfährt und dazu fähig wird, beispielsweise eine neue Art von Substanz zu produzieren, die sich von der vom Ausgangsorganismus produzierten Substanz unterscheidet.[40]

In der Tat sind die technischen Möglichkeiten der Rekombination von DNA das wohl außergewöhnlichste Werkzeug, das der Mensch jemals erschaffen hat. Der industrielle Prozess hat schon immer materielle Formen aufgelöst, verschmolzen und verändert, aber nun besteht die Möglichkeit, lebendiges Material mit dem Ziel der Erzeugung von wirtschaftlich nutzbaren Geräten zu rekombinieren. Wir haben nicht nur durch die Hand von Menschen hergestellte Materialien, sondern auch künstlich hergestellte Lebewesen. Wo das große verändernde Moment der modernen Industrie die Pyrotechnik war, ist das verändernde Moment der Postmoderne die Biotechnologie, deren feldspezifisches Wissen sich alle zwei Jahre verdoppelt. All dieses Wissen wird in Profit umgewandelt und der

---

39 Vgl. Jeremy RIFKIN: *O Século da Biotecnologia*, S. 12f.
40 Die Definition stammt von der Internetpräsenz von Greenpeace. http://www.greenpeace.org.br.

ökonomischen Verwertungslogik untergeordnet, ganz wie es das postmoderne Denken verlangt.

Die Neugestaltung des genetischen Codes von Pflanzen soll diese schneller wachsen lassen oder wie bei Getreide die Pflanzen resistenter und ertragreicher machen. Bei einer Neugestaltung von Tieren sollen diese schneller wachsen und mehr verwertbares Fleisch und weniger Fett abwerfen. Dieser Prozess einer Verbesserung von Rassen ist seit dem Beginn der Menschheitsgeschichte bekannt. Allerdings gab es bis jetzt immer natürliche Begrenzungen aufgrund der Limitationen durch das Lebewesen selbst. Die Beschränkungen werden nun durch die Biotechnologie aufgehoben, da die Manipulation nicht im Züchtungsprozess zwischen den Spezies, sondern direkt in den Genen erfolgt. Auf diese Weise ist es möglich, unterschiedliche Spezies genetisch zu rekombinieren, wie es auch der Vorschlag der Bricolage der Bauhaus-Bewegung als ästhetische Referenz vorschlägt. Deshalb ist es möglich, Lebewesen als Bricolage zu verstehen, die sich, ob nun nach außen sichtbar oder nur nach innen, als neu designt präsentieren. Postmoderne Kunst und Architektur arbeiten mit der Überschneidung von unterschiedlichen Realitäten. Sie wirken an der Schnittstelle, wo sich reale und virtuelle Wesen vermengen. Gleichermaßen werden durch die Biotechnologie komplett unterschiedliche Wesen mit unterschiedlichem ontologischen Status neu designt und neu gebaut, hierbei eine neue Identität erhaltend, abweichend von der des ursprünglichen Wesens.

Beispiele für die genetische Rekombination und die damit verbundene Manipulation finden sich besonders in den 1980er Jahre. 1983 wurden an der Universität von Pennsylvania menschliche Gene, die für die Produktion von Wachstumshormonen verantwortlich sind, in Ratten eingesetzt, die sich daraufhin in regelrechte Super-Ratten verwandelten. Den Ratten wiederum war es möglich, sich trotz der speziesfremden Gene fortzupflanzen und stark zu vermehren. Sie überschritten so die Grenze zwischen den Spezies. 1984 wurde in England eine Chimäre aus Schaf und Ziege entwickelt, die die erste Mischung von zwei unterschiedlichen Spezies in der Geschichte der Menschheit darstellte. 1986 wurden die Gene des Glühwürmchens, die für das Leuchten verantwortlich sind, in Tabakpflanzen eingefügt: Die Pflanzen begannen zu leuchten.

So ist es möglich, eine neue Schöpfung zu erschaffen, die nach Produktivität und Profit strebt, da die Möglichkeiten der Rekombination und der damit verbundene finanzielle Profit grenzenlos sind.[41] Dies zeigt sich auch daran, dass die Fortschritte in der Biotechnologie nicht abbrechen. Es gelang den Wissenschaftlern, die DNA einer Spinne in die einer Ziege zu integrieren mit dem Ziel, die Proteine des Spinnenfadens in der Milch der Ziege zu produzieren. Das Netz einer Spinne ist das stärkste bekannte Gewebe auf der Welt. Es hat eine größere Elastizität (33 %) und ein kleineres Gewicht (25 %) als *Kevlar*, welches bis jetzt als das resistenteste Gewebe bekannt ist.[42]

Große Unternehmen wie Du Pont, Upjohn, Monsanto, Elli Lilly und andere investieren Milliarden von Dollar in die Forschung und erhöhen so den Handel auf dem Markt der Biotechnologie. Solche Gruppen – und auch viele anderen der ungefähr 1300 biotechnologischen Firmen in den USA – bereiten das neue Jahrhundert der Biotechnologie vor und lösen das 20. Jahrhundert als Jahrhundert der Physik und Chemie ab. Ein Beispiel hierfür ist die Bergbauindustrie. Neue Bakterien wurden erschaffen, die Maschinen und die Schmelzen bei der Gewinnung von Erz unterstützen. Diese Bakterien produzieren Enzyme, die das, was nicht verwertbar ist, auffressen und das Erz fast vollständig rein zurücklassen. Statt chemischen Mitteln werden mikrobiologische Mittel für die Extraktion

---

41 Vgl. Jeremy RIFKIN: *O Século da Biotecnologia*, S. 15.

42 Vgl. Salvador NOGUEIRA: Biotecnologia: Cabra transgênica recebe DNA de aranha. Caderno Ciência. *Folha de São Paulo*, S. 16. 22 de agosto 2000.

von Gold genutzt, um dieses von den anderen Erzen zu trennen, was das Risiko der Explosion der Minen verhindert, da die Mikroorganismen das schädliche Methangas entfernen. Die Wissenschaftler erzeugten Bakterien, die in der Lage dazu sind, landwirtschaftliche Überbleibsel, Abfälle und Papierrückstände abzubauen und sie in Ethanol umzuwandeln.

Plastik könnte bereits durch Bakterien und nicht länger nur durch Erdöl produziert werden, was es komplett biologisch abbaubar machen würde. Monsanto setzte ein Gen dieser Mikroorganismen, die Plastik herstellen, in eine Senfkornpflanze. Aus dieser Operation entstand eine Pflanze, die Plastik produzieren konnte, die bald in großem Maß hergestellt werden kann. Das könnte auch für die Herstellung von Spinnenseide möglich sein. Die Seide könnte durch die Gene zur Seidenproduktion erzeugt werden und dann industriell hergestellt und aufbewahrt werden. Eine weitere Erwartung ist, dass Biotechnologie die nötigen Techniken und Reparaturtechnologien bereitstellen wird, um die Umweltverschmutzung zu beheben und gefährliche Schmutzstoffe in harmlose und gutartige Produkte zu verwandeln.[43]

In der Land- und Forstwirtschaft werden Pflanzen, die in der Lage sind Stickstoff zu absorbieren, produziert, um die petrochemikalischen Düngemittel zu unterstützen. Durch die Rekombination von Genen werden Pflanzen erschaffen, die resistent gegen Herbizide, Viren oder Pflanzenseuchen sind und sich an unterschiedlichste Böden anpassen können, um im Wettbewerb einen marktfähigeren Preis für Nahrung zu erzielen. Seit 1996 wird eine Art von Baumwolle angepflanzt, die erzeugt wurde, um Insekten zu töten. Durch die Manipulation werden aggressive Gene von bestimmten Insekten aktiviert, die dann zu Fressfeinden für andere Insekten werden, die wiederum für

---

43 Vgl. Questions and Answers on Transgenic. http://www.greenpeace.org. br; Jeremy RIFKIN: O Século da Biotecnologia, S. 16–18.

Pflanzenseuchen verantwortlich sind. Die so erzeugte Spezies wird reproduktionsfähig, die Raupen sterben aber in einem jungen Alter, so dass sie nicht in der Lage sind sich fortzupflanzen. Die auf diese Art erzeugten, das Todesgen in sich tragenden Insekten sorgen für eine Massenbeseitigung.[44]

Die Versuchsdurchführung und die Anwendung von Biotechnologie an Tieren schreiten sehr schnell voran. „Supertiere" werden mit dem Ziel erschaffen, möglichst große Mengen an Nahrung zu erzeugen. Dies geschieht mit Truthähnen, Schweinen, Geflügel und anderen Tieren, die dem Markt mit einer größeren Fleischmasse und geringerem Fettanteil viel früher zugeführt werden können. Außerdem sind wir bereits jetzt mit Schweinefleisch konfrontiert, welches das Ergebnis von genetischer Manipulation ist. Ziel war es hierbei, mehr Fleisch mit weniger Fett zu erhalten und es schneller zur Schlachtung bereit zu machen.[45]

Nahrung, die mit Biotechnologie hergestellt wurde, findet man überall. In der USA sind 50 % des Käses mit biotechnologisch erzeugtem Lab hergestellt. Auch wenn es auf den Verpackungen der Produkte nicht angegeben ist, werden auch in Brasilien 40 % des Käses auf diese Art erzeugt.[46] Genetische Manipulation wird auch an Truthähnen vorgenommen, bei denen der Brutinstinkt blockiert wird. Die Truthähne in der Brutzeit machen ungefähr 20 % einer mittelgroßen Gruppe aus und kosten die Produzenten eine große Menge an Geld. Der natürliche Instinkt der Zeugung wurde eliminiert, um so

---

44 Vgl. Jeremy RIFKIN: O Século da Biotecnologia, S. 16–19; Questions and Answers on Transgenic Questions and Answers on Transgenic. http://www.greenpeace.org.br.

45 Vgl. Luiz Augusto de MATTOS: Bioética no mundo dos pobres. In: Leocir PESSINI (Coord.): Bioética e pastoral da saúde. Aparecida 1989, S. 139; Helmut THIELICKE: Theologische Ethik: Entfaltung. Mensch und Welt. 5. Ed. Tübingen 1986. 278 S. Vol. II/1.

46 Vgl. Fátima OLIVEIRA: Engenharia Genética: Fundamentos da Bioética. São Paulo 1996, S. 148.

mehr Eier zu produzieren, ohne dass die Tiere in die Brutzeit zu kommen.[47] Außerdem haben wir Tiere, die dafür geschaffen wurden, Transplantate für Menschen zu erzeugen. Es ist so möglich, transgene Schweine zu erzeugen, die Herzarterien entwickeln, die denen des Menschen gleichen. Dies ist möglich, da die Physiologie des Schweins der des Menschen sehr ähnlich ist. Aufgrund dieser Similarität wurden große Erfolge in der Transplantationsmedizin errungen, wie die Transplantation einer Schweineleber in einen Menschen im Jahr 1992. Auch gibt es Fortschritte in der Forschung an Primaten, die 85 %–92 % ihrer DNA mit Menschen teilen.[48] Das eigentliche Problem, welches sich aus der Forschung entwickelt, ist der Handel, der durch transgene Schweinelebern, die bis zu 18.000 Dollar auf dem Markt kosten, entsteht.[49]

Wir haben uns nun einen Überblick über die wichtigsten Momente der Entwicklung der Biotechnologie in den letzten 20 Jahren verschafft, deren Fortschritte von besonderer gesellschaftlicher Bedeutung sind. 1978 wurde Louise Brown als erstes Kind durch In-vitro-Fertilisation (IVF) geboren. 1984 wurde Ana Paula als erstes Kind in Brasilien nach In-vitro-Fertilisation geboren. 1994 wurde die erste transgene Tomate erschaffen, die nicht verrottete. Im selben Jahr verkündeten amerikanische Wissenschaftler, dass es ihnen gelungen war, menschliche Embryos, IVF Fünflinge, vier Jungen und ein Mädchen, zu klonen. Ebenfalls 1995 extrahierte Scott Woodward die DNA eines Dinosaurierfossils. 1995 wurden Mikroben, die in einer in Bernstein

---

47 Zur weiteren Information über Tiere, die mit der Intention erzeugt wurden, sie zur Produktion von Pharmazieprodukten oder zur Nahrungsproduktion weiter zu verwerten. Vgl. Jeremy RIFKIN: *O Século da Biotecnologia*, S. 20.

48 Vgl. Volnei GARRAFA: Respostas éticas ao mercado de órgãos humanos: doações, pesquisa e prevenção. *Fundamentos de Bioética*, S. 220–225.

49 Vgl. Jeremy RIFKIN: *O Século da Biotecnologia*, S. 23.

gefangenen Biene für 25 Millionen Jahre gefangen waren, extrahiert und wiederbelebt.[50]

Auch wurden im Jahr 1995 ungefähr 284 neue Medikamente aus rekombinierten Genen getestet um AIDS, Krebs, Krampfanfälle und Herzkrankheiten zu bekämpfen. Außerdem wurden rekombinierte Gene für ein Insulin-Substitut namens „Erythropoietin" verwendet. Ebenfalls wurde auf diese Art Beta-Inferon zur Behandlung von Multipler Sklerose erstellt und „Pulmozyme" zur Behandlung von Muskoviszidose. Alle diese Medikamente wurden durch neu erzeugte Gene produziert. Einige Insekten, die verantwortlich für die Übertragung von Krankheiten waren, wurden genetisch verändert, um die Übertragung von Krankheiten zu verhindern. Eine in Südamerika beheimatete Raubwanzenart (Triatomainfestans) erhielt ein genetisch verändertes Bakterium, welches als Antibiotikum wirkt und den Parasiten, der für die Übertragung der Chagas-Krankheit verantwortlich ist, tötet.[51] Es ist möglich, dass die Chemieindustrie und auch die biologisch veränderten Medikamente bald obsolet werden, da ihnen die Produktion von Medikamenten in der Bioindustrie den Rang ablaufen wird, die mit biologisch veränderten Tieren und Pflanzen arbeitet. Solche Supermedikamente sind beispielsweise Proteine wie Interferon, Interleukin oder auch monoklonale Antikörper.[52]

Schon 1995 bauten amerikanische Wissenschaftler Zellen eines menschlichen Ohrs in den Rücken einer Ratte ein. Nach einem Monat waren sie in der Lage, das Organ zu reproduzieren.[53] Die Möglichkeit, auf diese Art künstliche Herzklappen,

---

50 Vgl. Osmar FREITAS et al.: Ciência ou pecado? Isto É. (1431): 86. 5 de mar. 1997.

51 Vgl. Jeremy RIFKIN: O Século da Biotecnologia, S. 24.

52 Vgl. Leocir PESSINI, Christian de Paul DE BARCHIFONTAINE: Fundamentos da Bioética, S. 147.

53 Vgl. Osmar FREITAS et al.: Ciência ou pecado? Isto É. (1431): 86. 05 de mar. 1997.

Brüste und Ohren zu erzeugen, ist bereits vorhanden. So können bereits mit wenigen menschlichen Zellen ungefähr 20.000 Quadratmeter Haut produziert werden. Um Gestelle in der Form von Mammas, Nasen, Blasen oder anderen Formen werden menschliche Organe produziert, wobei Formen genutzt werden, die von Computern dreidimensional projiziert werden. Nach der Projektion wird Plastik in Form des gewünschten Organs geschmolzen und die Formen erhalten ein paar der Zellen, die sich wiederum teilen und neuzusammensetzen und so ein neues Ganzes bilden. Dann zerfällt das Plastik und wird zu Bindegewebe. Das Ergebnis ist ein neues, ganzes Organ, das in Patienten implantiert werden kann.[54]

1996/1997 wurde der Klon des weltbekannten Schafs Dolly[55] aus einer Zelle der Brustdrüse eines Tieres erzeugt. Hierbei wurde nur der Zellkern verwendet, der die komplette DNA des Schafes enthält. Die nicht-befruchtete Eizelle eines anderen Schafes wurde entnommen und der Zellkern beseitigt. Die Eizelle akzeptierte den neuen Zellkern, als wäre es ihr eigentlicher Zellkern und die Eizelle wurde in die Gebärmutter eines anderen Schafes eingesetzt. Auf diesem Wege hatten drei weibliche Schafe Anteil an der Geburt eines neuen Lebewesens, das keinen Vater benötigte.[56]

1997 verkündeten japanische Wissenschaftler, dass sie ein menschliches Chromosom – bestehend aus 1000 Genen – in

---

54 Vgl. Medicina. Um dia, um rato. *Veja*. 1416. Vol. 28. N° 44, S. 82–85. 01 de nov. 1995. Ein Kieferknochen, der mit Stammzellen im Rücken eines Patienten entwickelt wurde, konnte später in den Mund des Patienten transplantiert werden, um die Folgen einer Krebsbehandlung zu korrigieren. Vgl. Mandíbula cresce nas costas de paciente. Caderno Folha Ciência. *Folha de São Paulo*. P. A16. 28 de agosto de 2004.

55 Vgl. Osmar FREITAS et al.: Ciência ou pecado? *Isto É*. (1431), S. 86. 05 de mar. 1997. Vgl. Osmar FREITAS et al.: Ciência ou pecado? *Isto É*. (1431), S. 86. 05 de mar. 1997.

56 Vgl. Norton GODOY: Se todos fossem iguais a você, *Isto É*. (1431), S. 82–85. 05 de mar. 1997.

den genetischen Code einer Ratte übertragen hätten, wobei sie menschliche Zellen mit denen der Ratte vermischten. Die Ratten trugen nun menschliche Zellen in sich, die menschliche Antikörper produzierten, die dann als therapeutische Produkte die Möglichkeit zur Tumorreduktion oder zur Zerstörung von Viren und Bakterien boten.[57]

---

57   Vgl. Jeremy RIFKIN: O Século da Biotecnologia, S. 24.

Möglichkeiten und Grenzen der neuen biotechnologischen „Architektur"

Die Genmedizin wirbt für eine Revolution mit nicht vorhersagbaren Konsequenzen. Der Zugang zur Abstammungslotterie ist nun möglich und es besteht der Wunsch, Ungerechtigkeiten, die in der DNA, die die Chromosomen formt, festgeschrieben sind, zu korrigieren. Die DNA ähnelt einem Magnetband, einem chemischen Band, in dem die Stadien des menschlichen Lebens eingeschrieben sind. Dieses Band ist die Unterstützung für die Gene, die wir von unseren Vorfahren erhalten. Der Mensch hat nun Zugang zu einem Programm für die Decodierung des Bandes und kann so Krankheiten voraussagen, bevor sie in Erscheinung treten. Die Modifikation der DNA ermöglicht es, die Ungerechtigkeiten des Geheimnisses der Abstammung zu verändern.

Es ist jetzt bereits möglich, diese Kette des Lebens zu trennen, zu kopieren und Teile von ihr von einem Lebewesen auf ein anderes zu übertragen. Dies ergibt eine sowohl architektonisch als auch ästhetische Bricolage, da beispielsweise menschliche Wesen und auch Ratten als ontologisch unterschiedliche Entitäten Teil von einem Ganzen werden. Hiervon ausgehend schlägt die Künstlerin Natasha Vita-More eine neue Idee des Designs vor, das mit Konzepten der Mobilität, Flexibilität und Langlebigkeit arbeitet. Es ist möglich, lebendige Organismen zu verändern, indem die Kette des Lebens reprogrammiert wird. Beispielsweise geschieht dies bei der Erforschung der Gene von Bakterien, aus denen Medikamente und Impfstoffe gewonnen werden sollen. Der genetische Code der Pflanzen wird verändert, mit dem Ziel hybride Wesen zu erzeugen. Neue Lebewesen, die zuvor nicht existierten, werden so erzeugt. Die Nanotechnologie beabsichtigt ein System des menschlichen Gehirns und des menschlichen Verdauungsapparats zu entwickeln, das besser arbeitet, resistenter ist und gegen Krankheit und Alter besser gerüstet ist. Ray Kurzweil, ein amerikanischer Wissenschaftler und Autor, beschreibt diesen ästhetisch-technologischen Ansatz folgendermaßen: „[It] disposes of innovation as a meta-brain for global connection in web through a neo-cortex prosthesis of artificial intelligence interspersed of nanorobots; intelligent skin that is protected against the sun and biosensors for the change of the tone and texture, besides the highly acute senses."[58]

Das menschliche Wesen wird das nächste sein, welches in seiner genetischen Struktur modifiziert wird. Bereits heute ist es möglich, mehr als 3.000 erblich bedingte Krankheiten zu diagnostizieren, wie erblich bedingten Krebs, der durch einen Gendefekt hervorgerufen wird. Mithilfe einer DNA-Analyse kann eine Vielzahl von solchen Anomalien identifiziert werden. Die Diagnose kann bereits viele Jahre vor dem eigentlichen Auftreten der Krankheit gestellt werden. Diese Möglichkeit der Diagnostik bringt die Frage zutage, inwiefern die Abtreibung eines Fötus mit einem diagnostizierten genetischen Defekt im Genom, der es dem Kind aber erlauben würde, eine begrenzte Zahl von Jahren zu leben, moralisch vertretbar ist. Die pränatale Diagnostik lokalisiert die Gene, die die Krankheit bestimmen, und isoliert sie.

Seit Mitte der 80er Jahre besteht der direkte Zugang zu den Genen und ihrer Struktur. Das Genomprojekt trug dabei zur Erforschung der inneren Struktur der Gene und der Erforschung des Zusammenwirkens der vier substanziellen Sequenzen des Lebens selbst bei: Adenin, Thymin, Cytosin und Guanin. Diese verbinden sich paarweise und Formen die DNA. Bis zur Bekanntgabe der Forschungsergebnisse von CELERA im März 2001 wurde behauptet, dass der menschliche Körper ungefähr drei Milliarden dieser Paare habe und es 100.000 Gene

---

58 Ray KURZWEIL: Ser Humano versão 2.0. Caderno Mais! *Folha de São Paulo*, S. 5. 23 de março de 2003.

gebe. Nach der Veröffentlichung wurde bekannt, dass es ungefähr 21.000 Gene gibt – dies provozierte eine schwerwiegende Hinterfragung des zentralen Dogmas der Genetik.[59]

Das ethische Problem bei der Thematik ist der Missbrauch der Technologie der DNA für eugenische und nicht-therapeutische Zwecke. Die Technik der Verbindung von Genen kann genutzt werden, um eine positive Form der Eugenik zu verfolgen, mit dem Ziel, die Charakteristika des menschlichen Wesens zu verändern und nicht um Krankheiten zu heilen. Dies kann von Wissenschaftlern für tyrannische und bösartige Zwecke sowohl in Politik als auch in der Organisation von Gesellschaft insgesamt genutzt werden.[60] Dies ist ein Problem, das mit der Produktion von künstlichen menschlichen Chromosomen – die Information wurde 1997 veröffentlicht – immer näher rückt.[61]

Es ist möglich, sogenannte Genkassetten verfügbar zu haben und sie in Zellen einzufügen. Solche Experimente wurden an einem Mädchen über den Zeitraum von sechs Monaten durchgeführt. Die Wissenschaftler injizierten ihr synthetische DNA, die sich selbstständig in Chromosomen organisierte. Mit dieser Technologie ist es möglich, die Art des Vollzugs der Therapie vorherzusagen und zu bestimmen, wie sich die Therapie vollzieht, da die Genkassette in exakt denselben Platz eines jeden Chromosoms injiziert wird. In den nächsten zehn Jahren wird es möglich, seine zukünftigen Kinder bereits vor der Empfängnis genetisch zu modifizieren, aber auch nach

---

59   Vgl. Cientistas questionam o conceito de gene. Folhaciência. *Folha de São Paulo*, S. A17. 31 de mar. 2001; David BODINE: Is the exact number of genes in the human genome known? *National Human Genome Research*. 2012. https://www.genome.gov/DNADay/q.cfm?aid=2&year=2012.

60   Vgl. Leocir PESSINI, Christian de Paul DE BARCHIFONTAINE. *Problemas atuais de Bioética*, S. 240–242.

61   Vgl. Klaus KOCH: Künstliche Chromosomen synthetisiert: Klinische Nutzung liegt in weiter Ferne. *Deutsches Ärzteblatt* 1997; 94 (16): A-1020 / B-868 / C-816; Vgl. Nature Genetics 1997; 15: S. 345–354.

der Empfängnis oder der Entwicklung des Fötus.[62] Von dieser
Idee ausgehend, werden Gene, die für soziale Probleme verantwortlich sein könnten, gesucht. Dementsprechend wird die
Herkunft von Obdachlosigkeit oder krimineller Devianz und
abweichendem Verhalten generell auf die genetischen Disposi-
tionen zurückgeführt. Tatsächlich führt dies zurück zu einer
„Hitlerisierung" der Wissenschaft, sobald das Genomprojekt
die Erwartung von der Erschaffung des perfekten Menschen
erst einmal erweckt hat. Dadurch wird es der Mann der Wissenschaft, der durch seine fleißige Hand den Menschen durch
die Korrektur der Gene zur Perfektion ausbauen wird. Eigentlich erschafft der Fortschritt der Genetik keine Freiheit der
Wahl. Vielmehr erhöht die Genetik die Verfügungsgewalt über
die Natur und weitet das eugenische Einflussgebiet auf das
menschliche Wesen auf in der Geschichte der Menschheit bis
jetzt unvergleichliche Art und Weise aus.[63] Die Frage nach der
Entdeckung und der Rekombination fördert neue Probleme
zutage, da es nun, neben anderen Dingen, möglich ist ein hyb-
rides Wesen zu erzeugen, das beispielsweise halb menschliches
Wesen ist und halb durch Gene wie etwa die eines Schimpansen
konstituiert ist.

Das Genomprojekt ist das größte von den Biowissenschaften
entwickelte Projekt. Das Budget des Genomprojekts – für die
Abbildung und Sequenzierung des gesamten menschlichen
Genoms – addiert sich auf ein Äquivalent von drei Milliarden
Dollar. Die Annahme des Projekts war, dass das menschliche
Genom aus 100.000 Genen besteht und – dieser Annahme entsprechend – eine Kartographie für drei Milliarden Paare vorgenommen werden sollte, da diese – dies wurde bis zum Jahr 2000
angenommen – das menschliche Genom ausmachen. Die Kartographie des Genoms sollte bis 2005 vollendet sein. Allerdings

---

62   Vgl. Jeremy RIFKIN: *O Século da Biotecnologia*, S. 29–31.
63   Vgl. Lucien SFEZ: *A Saúde Perfeita: Crítica de uma nova utopia*, S. 171–181.

wurde das Genomprojekt vor dem festgelegten Datum abge-
schlossen. Die Ergebnisse des Projekts wurden im Februar 2001
veröffentlicht und das Ende des Genomprojekts warf mehr Fragen auf als es beantwortete: Der menschliche genetische Code,
so wurde es festgestellt, hat nur ca. 21.000 Gene, was nicht mehr
als der eines Getreidehalms ist.

Somit konfrontieren uns diese Entdeckungen mit ethischen, rechtlichen und sozialen Unsicherheiten. Von den drei
Milliarden Dollar, die für das Genomprojekt bereitgestellt wurden, wurden 10 Prozent für die Diskussion von ethischen Fragestellungen bestimmt. Hierbei werden vier Themenkomplexe
betont: a) der Datenschutz von genetischer Information. Die
Ergebnisse von Gentests dürfen ohne vorherige Zustimmung
nicht an andere Personen weitergeleitet werden; b) das Rechts-
system muss den Schutz der Rechte der verwundbaren Bevölkerung, wie Kindern, geistig Benachteiligten, Menschen mit psy-
chischen Problemen garantieren und zudem die Menschheit
vor ihrer eigenen Auslöschung schützen; c) Gleichheit im Zugang zu Tests ohne Diskriminierung; d) das Prinzip der Qualität der Tests durch qualifiziertes Personal in qualifizierten
Laboratorien mit qualifizierter und professioneller ethischer
Unterstützung.

Das Genomprojekt (GP) fordert die soziale Interaktion von
drei Elementen: der wissenschaftlichen Gemeinschaft, die am
Projekt beteiligt ist, der Wirtschaft, die in der Lage ist, die Ergebnisse der Forschung in Produkte zu transformieren, und
der Gesellschaft, die neue Entdeckungen absorbiert und in ihr
alltägliches Leben und ihr Bild von der Welt integriert.[64] An der
Universität von Iowa rief das GP eine Diskussionsgruppe ins
Leben, um diese Probleme in Angriff zu nehmen. Diese Gruppe sendete der amerikanischen Regierung ihre Bedenken über

---

64 Vgl. Leocir PESSINI, Christian de Paul DE BARCHIFONTAINE: *Problemas
atuais de Bioética*, S. 246–256.

die möglicherweise pervertierte und kriminelle Verwendung der Entdeckungen der Kartographie des menschlichen Genoms. Der Europäische Rat, zu dem 32 Länder zugehörig sind, verbietet die genetische Untersuchung durch Versicherungen.

Im Mai 1993 tagte die Süd-Nord-Konferenz des menschlichen Genoms in Caxambu, Minas Gerais (Brasilien). Dort trafen sich Repräsentanten von 22 Ländern, um die Thematik aus Sicht der Dritten Welt zu diskutieren. Auf der Konferenz wurde festgehalten, dass „(...) the knowledge obtained must be valuable property to all humanity. We judge it urgent that the patenting of DNA sequences that occur in nature be avoided. The protection of intellectual property must, in our opinion, be based in the use of the sequences and not on the sequences itself.“[65] Der Wunsch, die Kontrolle über die Landkarte des Lebens zu haben, die der Schlüssel zum Leben ist, ist auch in der Dritten Welt vorhanden. Aber dies bringt Probleme auf ethischer, sozio-politischer und individueller Ebene mit sich. In Betracht ziehend, dass die USA 50 % des Gesamtbudgets des GP investiert haben, Großbritannien 15 % beigesteuert hat und die restlichen 35 % zwischen Frankreich, Italien, Japan und Deutschland aufgeteilt wurden, stellt sich die Frage, wer das menschliche Genom nun besitzt?[66]

Die Frage der Patentierung ist für die Menschen, die keinen Zugang zu der Technologie haben, ein großes Problem. Das Problem trat zum ersten Mal auf, als von Amerikanern 1998 eine Labormaus erzeugt wurde. Das Tier erhielt ein Krebsgen, ein sogenanntes Onkogen, das in der Lage ist, Brustkrebs zu entwickeln. Es war ein Lebewesen, das im Labor produziert

---

65 Vgl. a. a. O., S. 249. Vgl. außerdem Fátima OLIVEIRA: Engenharia Genética: Fundamentos da Bioética, S. 154.

66 Vgl. Leocir PESSINI, Christian de Paul DE BARCHIFONTAINE: Problemas atuais de Bioética, S. 247; John NAISBITT, Patrícia ALBURDENE: Megatrends 2000, S. 304–310; Vgl. Fátima OLIVEIRA: Engenharia Genética: Fundamentos da Bioética, S. 152s.

wurde, da seine genetische Struktur verändert wurde. Die Diskussion brachte andere Faktoren ins Spiel, als der Genetiker Craig Venter vom National Institute of Health in Maryland 337 Gene isolierte. Direkt nach der Isolation nahm das Institut das Eigentumsrecht für die entdeckten Gene für sich in Anspruch. Gene jedoch sind Erbgut der Menschheit und können nicht als Eigentum eines bestimmten Landes oder einer transnationalen Firma in Anspruch genommen werden.[67]

Außer diesem gibt es noch weitere ethische Probleme, beispielsweise die, die entstehen wenn ein Arbeitgeber einen Angestellten sucht. Eine bestimme Person schlägt sich selbst vor, ihre genetische Akte bezichtigt sie aber der Neigung zur Ausbildung von Lungenkrebs. Es könnte passieren, dass die Versicherungen einen Extrabetrag für diejenigen einführen, die eine genetische Veranlagung zu beispielsweise Diabetes haben. Vor ein paar Jahren erhielt ein Paar in den USA die Nachricht, dass ihr Sohn der Träger eines defekten Gens sei, das für Mukoviszidose verantwortlich ist und 1989 entdeckt wurde. Der für die Versicherung verantwortliche Arzt riet zu einem Schwangerschaftsabbruch. Sollte dieser nicht erfolgen, würde die Krankenversicherung sofort gestrichen.[68]

Die Nutzung genetischer Karten könnte bis zur Diskriminierung von Arbeitern oder der Behinderung von Ehen führen.[69] Diese Sorge ist in Anbetracht der Vorteile einer bösartigen Nutzung der potenziellen genetischen Information berechtigt. Einem Bericht der britischen Zeitschrift *Nature* zu Folge haben Forscher auf der Konferenz der „Human Genome Organization" (bekannt unter dem Akronym HUGO), die in Edinburgh stattgefunden hat, habe ihre Besorgnis bezüglich der poten-

---

67 Vgl. Leocir PESSINI, Christian de Paul DE BARCHIFONTAINE: *Problemas atuais de Bioética*, S. 247.
68 Ebd.
69 Vgl. Elio SGRECCIA: Engenharia genética humana: problemas éticos. *Questões atuais de bioética*. v. 3, S. 267.

ziell bösartigen Nutzung der Informationen zum Ausdruck gebracht.[70] Dennoch muss für viele die Forschung an der genetischen Landkarte auch in Angesicht des Potenzials für boshafte
Taten weiter vorangetrieben werden.

Zusätzlich zu den Themen des Genomprojekts sehen wir
uns auch mit dem Voranschreiten der Nanotechnologie konfrontiert. Nanoroboter in der Größe einer roten Blutzelle werden in den menschlichen Körper eingesetzt und werden dazu
in der Lage sein, zur Diagnose pathogener Agenten genutzt zu
werden und Medikamente präzise verabreichen zu können.
Nanorobotik kann den Großteil unserer biologischen Organe
tatsächlich ersetzen. So können die Nieren, die im Körper eine
Filterfunktion übernehmen, durch Nanoroboter ersetzt werden. Dies wird in einiger Zeit auch mit dem Herzen, der Lunge,
den weißen und roten Fettkügelchen, dem Magen, der Blase,
der Niere und anderen Organen geschehen. Bereits jetzt gibt es
weit vorangeschrittene Forschungen im Bereich der Nanorobotik und ihrer Implementation im menschlichen Gehirn, welche die Desintegrationsphänomene der Parkinson-Krankheit
umkehren können. In kurzer Zeit werden Computer in unseren
Körper und unser Gehirn implantiert werden können, bis hin
zu dem Punkt, dass in der Zukunft eine Person in den emotio-
nal-sensorischen Radius einer anderen gesetzt werden kann.[71]
Im März 2002 ist bekannt geworden, dass im Krankenhaus in
Oxford der erste Cyber-Mensch gebastelt (bricolaged) wurde.
Das neurologische System von Kevin Warwick wurde an ein

---

70 Dies wurde im *Nature* Magazin wie folgt formuliert: „Bartha Maria
    Knoppers, Vorsitzende der HUGO Ethikkommission, äußerte Bedenken
    über den Schutz von privaten genetischen Informationen, die von Gen-
    banken in wachsender Zahl gesammelt werden." (übersetzt von Sebas-
    tian Engelmann); Helen PARSON: *From the Human Genome Meeting 2000.
    Edinburgh lifelines:* Hugo meets the public. http://www.nature.com S. 1.
    19 de abr. 2001.

71 Vgl. Ray KURZWEIL: *Ser Humano versão 2.0. Caderno Mais! Folha de São
    Paulo.* P. 5–9 23 de março de 2003.

Computernetz angeschlossen. An der Universität von New York wurde ein Computerchip in das Gehirn einer Ratte eingesetzt. Somit kombinieren neues Design und Nanotechnologie Biologie und Technologie, das Gehirn und den Computer.[72]

---

72   Vgl. Slavoj ZIZEK: A Falha da Bioética. Caderno Mais! *Folha de São Paulo.* P. 7. 22 de junho de 2003.

Die Patentierung von Lebewesen

Die Biotechnologie umfasst Prozesse, Instrumente und Techniken, die auf eine Verbesserung und Transformation von Spezies durch künstliche Auswahl abzielt. Biotechnologie manipuliert den genetischen Code, das DNA-Molekül. Es ist eine Form des Bioingenieurwesens. Tatsächlich sehen wir eine starke Tendenz dahin, die Entdeckungen vom genetischen Code patentieren zu lassen. Aber was bedeutet das? Ein Patent ist ein Vertrag zwischen dem Erfinder und der Gesellschaft. Der Erfinder macht seine Erfindung öffentlich und die Gesellschaft gibt ihm das Recht, das Alleinverkaufsrecht an seiner Erfindung auszuüben. Traditionellerweise leiteten Universitäten und öffentliche Institutionen die Forscher an. In den letzten Dekaden hat aber nun die transnationale Industrie diese Führungsrolle eingenommen, die ein Monopol auf dem Markt anstrebt und die garantierten Profite der Entdeckungen anvisiert.[73]

1980 erwirkte die technologisch führende Industrie in diesem Bereich das Recht, im Supreme Court der USA Lebewesen patentieren zu lassen. Dieses „Recht" hat grässliche Auswirkungen auf die Landwirtschaft, da die Farmer nun dazu verpflichtet sind, für das patentierte Saatgut Abgaben zu zahlen. Dieses patentierte Saatgut ist es, was genetisch verändert wurde. Die ländliche Gemeinschaft hat folglich nicht mehr das Recht über das, was das erste Glied in der Kette der Nahrungsproduktion bildet.

---

73 Vgl. José Eduardo de SIQUEIRA: A Responsabilidade dos cientistas. In: Antonio MARCELLO (Ed.): Medicina: Conselho Federal. Ano 12. No 92, S. 8. Abr. 1998. Vgl. auch Marco Antonio BECKER, Edson de OLIVEIRA ANDRADA (Cons. Ed.): Impactos da Revolução Biotecnológica. Medicina: Conselho Federal. Ano 15. No 119/120. p. 20. jul/ago. 2000; Antonio MARCELLO (Ed.): Alimentos transgênicos: A polêmica apenas começou. Medicina: Conselho Federal. Ano 14. No 108. pp. 24s. Ago. 1999. Weitere Informationen unter: http://www.mct.gov.br; da SBPC: http://www.sbpcnet.org.br; http://www.greenpeace.org.br; http://www.nature.com.

Biotechnologische Unternehmen sind die Eigentümer der Gene, der zellulären Abstammungslinien und des Keimgewebes. Die Verbraucher werden einen höheren Preis für die Produkte aus der biotechnologischen Entwicklung bezahlen. Eine neue Biermarke kann patentiert werden, da eine neue Art von Gerste, vom Fermentationsprozess und vom Herstellungsprozess, ausgehend von der Biotechnologie, entwickelt wurde.[74] Die Auswirkungen auf die Wirtschaft sind verheerend, da eine monopolistische Industrie enorm an Stärke gewinnen wird. Einige wenige Firmen halten den Großteil an Technologien in der Agrolandwirtschaft, der Pharmazie und der Chemiewirtschaft. Die Verwendung von genetischen Ressourcen – ein Allgemeingut der Menschheit – wird eingeschränkt und so das gemeinsame Erbe der Menschheit zerstört werden.

Gesellschaften, die keinen Zugang zum genetischen Erbe haben, haben keine Möglichkeit Nahrung und Arzneimittel zu produzieren und werden dementsprechend nicht auf dem internationalen Markt bestehen können. Das biologische Erbe der Menschheit wird durch die nördliche Hemisphäre privatisiert werden und der globale Süden wird keinen Zugang zu den Technologien haben. Die Länder des globalen Südens – die in tropischen Regionen mit hoher Biodiversität liegen – wären die Besitzer der Gene, wohingegen für den Norden die Gene nur eine Bedeutung hätten, wenn sie modifiziert und rekombiniert wären. Den Bauern des Südens würde das Recht mit der Landwirtschaft, die einen Zugang zur Technologie hat, verwehrt werden. Das globale Konzept der Menschenrechte würde zu Boden getrampelt werden, da die menschlichen Wesen und Teile ihres Körpers exklusives Eigentum der Inhaber von Patenten sein könnten. Diese anonyme, biogenetische Gesellschaft wird in der Lage sein, der Besitzer von Organen, von physischen

---

74 Vgl. Leocir PESSINI, Christian de Paul DE BARCHIFONTAINE: *Problemas atuais de Bioética*, S. 250–252.

Charakteristiken und von genetischen Informationen, von Menschen, Tieren und Gemüsesorten in der gesamten Welt zu sein. Das wird Organhandel, eugenische Tendenzen in der Medizin und die Abhängigkeit der armen Länder vom internationalen Monopol erhöhen. Nach Informationen von Greenpeace wird genetische Manipulation in der Lage sein, die Biodiversität drastisch zu schädigen und damit die landwirtschaftliche Produktion, gerade von armen Ländern, gefährden.

In einem Artikel, der von Greenpeace veröffentlicht wurde, schreibt Salil Shetty, der Executive Director of Action Aid, folgendes:

> „Instead of reducing the hunger in the world, the genetic engineering has a greater chance of increasing it. Producers will enter a vicious circle if they become dependent of a small number of multinationals – such as Monsanto –, for their survival. During the last 25 years, *Action Aid* has given support for poor producers so these can maintain a healthy agriculture. Even with the global population increasing, we know that the global production of food is sufficient, and that inequality is what is responsible for millions of starving people. The truth is that the transgenic cultivation will surely increase the profit margin of Monsanto, but will represent a great step backwards for world poverty. In South Korea, after the implementation of the green revolution, the number of small proprietors with debts increased 76%, in 1971, to 98%, in 1985. In the Punjab region, in India, these high costs took to a decrease of small properties approximately to a fourth between 1970 and 1980, taking some farmers even to suicide due to debts."[75]

Hier findet sich die Verdichtung der Tragödie des Paradigmas Bacons wieder, die Leben als ein banales Aggregat von

---

75 http://www.greenpeace.org.br *Impactos Ambientais da Engenharia Genética*, S. 6. Abr. 2001.

Molekülen und chemischen Substanzen versteht, dass die Möglichkeit hat, sich zu reproduzieren. Dieses Leben kann manipuliert werden und es besteht die Möglichkeit für diejenigen, die für die Manipulation verantwortlich sind, Ansprüche auf den Besitz dieses Lebens zu erheben. Leben wird so zu einer Handelsware, die beliebig manipuliert werden kann. Das Problem hierbei ist, dass die Forscher in der Biotechnologie nicht die Schöpfer der Natur sind. Sie zerlegen lediglich das natürliche Erbe und erheben Anspruch auf es. Die ethischen Werte, welche die Heiligkeit des Lebens bewahren, werden so gänzlich untergraben.

In vielen Ländern gibt es demokratischere Wege, die Forscher zu entschädigen. Es gibt Zertifikate für Erfinder, fiskalische Maßnahmen wie die Steuern für das Produkt, das Logo oder die Steuermarken. Das Recht sollte an die Bauern übertragen werden, Varianten von lokalem Gemüse und ansässigen Tieren zu erzeugen. In diesem Zusammenhang ist es notwendig, die Diskussion auf die Fragen nach der Würde und den Rechten von Tieren und Pflanzen zu stellen. Zudem ist es nötig, das Recht der Zivilgesellschaft zu stärken, über neue Biotechnologien zu entscheiden und ihre Auswirkungen auf das Ökosystem zu diskutieren.[76]

Ebenfalls in diesem Zusammenhang ist es fundamental, den Embryo als menschliches Wesen anzuerkennen. So verlangte beispielsweise die Parlamentarische Versammlung des Europarats, das der Embryo unter Schutz gestellt wird und die Veränderung des genetischen Erbes verboten wird, was absolut notwendig ist, um jegliche Form der Diskriminierung zurückzuweisen. Deswegen muss der fehlerhafte Fötus ebenfalls willkommen geheißen werden. Biotechnologie ist möglich, insofern sie einem therapeutischen Prinzip folgend in den

---

76 Vgl. Leocir PESSINI, Christian de Paul DE BARCHIFONTAINE: *Problemas atuais de Bioética*, S. 253.

genetischen Code eingreift. Wenn solche therapeutischen Eingriffe stattfinden, ist es notwendig, dass diese den Prinzipien der Freiheit der Patienten und der Verantwortung für den Patienten folgen, hierbei auch die Freiheit des fehlerhaften Fötus mit einbeziehend.[77]

Die in-vitro-Manipulation birgt reale Risiken, da biologische Waffen durch Biotechnologie erzeugt werden können. Sollte dies nicht geschehen, könnten unter Umständen HIV-III Viren und Bakterien Resistenzen ausbilden, wenn, beispielsweise, krebserregende Gene in sie eingesetzt werden. Interferon und Insulin sind Produkte, die durch die Manipulation von Bakterien erzeugt werden, die spezifische Substanzen herstellen sollten. Hierbei wird angenommen, dass genetische Manipulation der Entstehungspunkt einer Multiplikation von neuen pathogenen Genen durch ein Mutantenbakterium ist, dass resistent gegenüber Antibiotika ist. Aus den Laboratorien der Gentechnologie könnten neue, nicht behandelbare Krankheiten entstehen, Krebsepidemien und genetische Monstrositäten aller Art.[78]

Pränatale Diagnostik ist dazu geschaffen, selektive Abtreibungen vorzunehmen und führt so zu einer neuen Form des Rassismus. Auf diesem Weg wird die Krankheit eines Kindes nicht verhindert oder gar abgewendet, sondern seine eigene Geburt verhindert. Dementsprechend ist die Intention der Abtreibung, eine Übertragung von Erbkrankheiten auf die nächste Generation zu verhindern. Pränatale Diagnostik ist nur zulässig mit dem Ziel, Defekte und Probleme im Voraus zu behandeln. Das Problem ist, dass die Lebensqualität als Bedingung

---

77 Vgl. Elio SGRECCIA: Engenharia genética humana: problemas éticos. Questões atuais de bioética. v.3, S. 266.

78 Vgl. Sandro SPINSANTI: Ética biomédica. São Paulo 1990, S. 51; Vgl. Elio SGRECCIA. Engenharia genética humana: problemas éticos. Questões atuais de bioética. v.3, S. 268.

der Würde des Lebens und nicht als Ergänzung zur Heiligkeit des Lebens gesetzt wird.[79]

Die Thematik der Abtreibung verdeutlicht dies anschaulich. Abtreibung ist in vielen Ländern legalisiert worden. Das macht Abtreibung aber noch lange nicht moralisch, da das Kriterium der Pluralität von ethischen Gedanken keine befriedigende Antwort bieten kann. Die Legalität, die in vielen Ländern verordnet wurde, zielt darauf ab, die Abtreibung aus dem Untergrund herauszuholen. Jedoch ist die Realität der Abtreibung, dass sie ein gewaltsamer Prozess ist, der das Heranwachsen eines menschlichen Wesens abbricht. Der Belang von Pluralität und Toleranz muss auch in einem Kontext von Verantwortung und Gerechtigkeit gesehen werden.[80]

Die Logik des ökonomischen Liberalismus und der Patentierung

Das Thema der Patentierung ist tatsächlich die direkte Anwendung der Marktlogik, die Natur privatisiert und erforscht. Das, was einst ein gemeinsames Gut war, wird in ein privates Gut umgewandelt und mit dem Ziel der Profitabilität erforscht. Die historischen Ursprünge dieses Prozesses können in England gefunden werden, wo bis zum 14. Jahrhundert die Landwirtschaft in einer gemeinschaftlichen Art und Weise organisiert war. Die Zahlungsmittel in dieser Gemeinschaft waren Warenaustausch und der Austausch von Leistungen verschiedenster Art. Im 15. Jahrhundert verkündete das Haus der Tudors Begrenzungsrechte, die gemeinschaftlichen Besitz in privaten

---

79 Vgl. Elio SGRECCIA: Engenharia genética humana: problemas éticos. *Questões atuais de bioética.* v.3, S. 270s.

80 Vgl. Volnei GARRAFA, Giovanni BERLINGUER. Os limites da manipulação. *Folha de São Paulo*, S. 6. 1° de dez. 1996.

Besitz umwandelten, der mit Zäunen und Gräben abgegrenzt wurde. Seitdem zahlen die Bauern Steuern und erhalten im Austausch dafür das Recht das Land zu kultivieren.

Eine Kritik des ökonomischen Liberalismus

Die Begrenzung repräsentierte einen Prozess der Privatisierung von etwas, was zu einem anderen Zeitpunkt gemeinschaftlich war. Der Prozess der radikalen Privatisierung fand in England am Ende des 18. Jahrhunderts und zu Beginn des 19. Jahrhunderts statt. Ebenfalls in dieser Periode fand die Reform von John Wesley in England statt. Wesley war ein entschiedener Gegner des liberalen Gedankenguts von Locke und Smith, welches in der Ausprägung des Liberalismus eine Revolution der Reichen gegen die Armen initiierte. Die Mittelschicht brachte es fertig, die wechselseitigen und kollektiven Beziehungen zu beseitigen und so die Gebiete von Dörfern zu begrenzen. Es bestand der dringende Bedarf an Nahrung, was zu einer galoppierenden Inflation führte. Außerdem führte der Bedarf an notwendiger Kleidung zu einem Anstieg der Zahl an Schafherden. Um diesen Bedarf zu befriedigen, war es nötig, das Gemeindeland durch die Schafe nutzen zu lassen. Auf diesem Weg verwandelte sich das Land, was vorher das Land von allen war, in privaten Besitz.

Rifkin macht darauf aufmerksam, wenn er sagt, dass alles warenförmig wurde und zu privatem Eigentum reduziert wurde. Jeder Quadratmeter des Planeten – mit der Antarktis als Ausnahme – wurde zu privatem Besitz, mit dem Ziel der wirtschaftlichen Verwertung. Aufgrund der Patentrechte für Lebewesen ist es möglich, deren genetische Landkarten zu kommerzialisieren, Menschen eingeschlossen.[81] Es ist genau

---

81 Vgl. Jeremy RIFKIN: O Século da Biotecnologia, S. 39–43.

diese Marktlogik, die von Neoliberalismus vehement verteidigt wird, die ökonomisch schwache Menschen ausschließt.

Michael Camdessus zu Folge, dem ehemaligen Direktor von IMF, wird dieser Markt durch die Spannungen des Wettbewerbs erzeugt, die eine Masse von Ausgeschlossenen – dem uninteressanten Teil der Gesellschaft – zurücklassen. Hiervon profitiert eine Minderheit – die der überlegenen Menschen – die einen Zugang zu Solidarität und zu Anteilen am Markt haben. Aus der Sichtweise der Marktlogik ist die von uns als Perversion wahrgenommene Exklusion von Schwachen und Inklusion von überlegenen Wesen ein Ausdruck von Güte und Mitgefühl. Dieser Rationalität zu Folge sind für den historischen Prozess Opfer notwendig. Die überlegenen Wesen profitieren dabei von den Opfern der für den Markt uninteressanten Bevölkerung.[82]

An dieser Stelle ist es wichtig, über die soziale Position von John Wesley (1703–1791) nachzudenken, aus der er Themen wie Armut in Angriff nimmt. Wir müssen im Gedächtnis behalten, dass der zu dieser Zeit im 18. Jahrhundert stattfindende Prozess der Privatisierung von Land der zweite Schritt der Privatisierung war. Indem Wesley diese Probleme in Angriff nahm, stellte er die desaströse Situation heraus, in der die Armen sich befanden. Er kämpfte gegen die Ausbeutung von Frauen und Kindern in der Industrie und verlangte, dass die Arbeitsumgebung in der Industrie menschenwürdiger gestaltet, die Arbeitszeit gesenkt und der Lohn angehoben werden sollte. Er setzte sich für die Arbeiter ein, die sich in den Wohngebieten anhäuften, wo die Lebensumstände ungesund waren und Prostitution begünstigten.[83] Die Bauern lebten in einem Zustand von Armut und Erniedrigung, die Bergarbeiter waren in einem Zustand vollständigen Elends. Männer, Frauen und Kinder

82 Vgl. Jung MO SUNG: *Desejo, Mercado e Religião*. Petrópolis 1998, S. 30–35.
83 Vgl. Gonzalo Báez CAMARGO: *Gênio e Espírito do Metodismo Wesleyano*. Imprensa Metodista, 1986, S. 55.

wurden durch die ungesunden Arbeitsbedingungen in den Minen in wandelnde Leichen verwandelt.[84] Die erste industrielle Revolution erschuf neue und verstärkte viele alte Probleme der sozio-ökonomischen Ordnung. Der Bau von Hindernissen und Zäunen um privates Land, die Arbeitslosigkeit von Handwerkern und der Verlust der Kaufkraft der Arbeiter brachten irreversible Verluste für ökonomisch schwache Menschen.[85]

Die traditionelle Erklärung für die Herkunft der Armut war, dass der Großteil der Menschen dafür bestimmt war, in der ökonomischen Ordnung Armut zu erleiden. Die arbeitende Klasse sei natürlich verdorben und für ihr eigenes Elend selbst verantwortlich. Neben diesen Gründen sei Armut eine Situation, die dem Willen Gottes entsprechen würde.[86] Wesley lehnte diese radikale Position ab. In einem Tagebucheintrag vom 9. Februar 1753 schrieb er: „It is diabolically false the common objection: The poor are poor only because they are lazy."[87]

Eigentum und Nahrungsproduktion

Wesley prangerte ebenfalls die Privatisierung von Eigentum und die mithin folgende Bildung von Staaten, die Bauern arm und ohne Land zurückließen, an. Er lehnte, im Gegensatz zu John Locke und Adam Smith, das Privateigentum als ein absolut Gutes ab. Für ihn war es klar, dass die Gemeinschaft die

---

84 Dorothy F. QUIJADA: Juan Wesley y su Ministerio Integral. In: Boletín Teológico. Año 24, N° 46, junio de 1992, S. 109, 127.

85 Duncan A. REILY: A Influência do Metodismo na Reforma Social na Inglaterra no Século XVIII, S. 153.

86 Douglas TANNER: Juan Wesley y el Socialismo Cristiano. Por qué no repartes tu pan a los hambrientos? In: Juan Wesley: Su teología y la nuestra. Ed. Roy H. MAY. San José 1989, S. A–38; José M. Bonino: Foi o Metodismo um Movimento Libertador? S. 27.

87 Gonzalo Báez CAMARGO: Gênio e Espírito do Metodismo Wesleyano, S. 59s.

Rechte über das private Land haben sollte und der Staat die missbräuchliche Privatisierung von Land beschränken sollte. Eigentum sollte als ein verwaltetes Gut betrachtet werden und in den Dienst der Gemeinde gestellt werden. Güter (Besitztümer) sind für ihn keine unveräußerlichen Rechte, da wer auch immer seinen Besitz nicht richtig nutzt, immer dem Risiko ausgesetzt ist, es zu verlieren. Eigentum wäre dann echt, wenn es anständig erworben und für das Gemeinwohl genutzt würde. Tatsächlich verteidigte Wesley die Aufteilung von Eigentum als ein Ideal des Neuen Testaments, das von den Methodisten imitiert werden sollte.[88]

Die Neoliberale Logik der Patentierung

1971 kam das erste Mal die Frage nach der Patentierung von Lebewesen auf. Der indische Mikrobiologe Ananda Chakrabarty fragte beim American Institute of Industrial Property an, da er ein künstliches Lebewesen konstruiert hatte, dass in der Lage war, ins Meer ausgelaufenes Öl zu vertilgen. 1980 erhielt er dieses Patent, da die Richter verstanden, dass der Mikroorganismus näher an einer chemischen Komposition als an einem Lebewesen war. Aber das Hauptziel war, dass dieses biotechnologisch erzeugte Wesen als eine Erfindung des Menschen gesehen wurde. Von da an war das Fundament für eine Beschränkung von Eigentum und für den Handel mit Lebewesen gelegt.

Ab diesem Moment verwandelte sich Biotechnologie für große Firmen in die „Berührung des Midas" – wie in der Alchemie – da sich die Möglichkeit abzeichnete, lebendige Wesen in rentable „Goldene Eier" zu verwandeln. Ab dem Moment, in dem ein Lebewesen in einem Labor rekombiniert wird, wird es

---

88   José Miguez BONINO: Foi o Metodismo Um Movimento Libertador? S. 27, 29s; Dorothy F. QUIJADA, S. 131.

nicht länger als ein Lebewesen, sondern als eine menschliche Erfindung, ein Objekt, gesehen.[89]

Historisch gesehen wurde immer zwischen Erfindung und Entdeckung unterschieden. Bei der Beantragung eines Patents ist es notwendig, dass der Erfinder beweist, dass seine Erfindung originell, neu und nützlich ist. Aber eine Entdeckung in der Natur sollte nicht als Erfindung verstanden werden. Eine Entdeckung wurde der Menschheit verfügbar gemacht, da sie innerhalb des Prinzips der Gemeingüter als Eigentum von jedermann verstanden wurde. Die Biotechnologie indes – in dem Moment, in dem sie der Marktlogik unterstellt wird – arbeitet mit dem Prinzip der Privatisierung und Kommerzialisierung von Gemeingütern, dabei menschliche Wesen und ihre Gene, Organe, Gewebe und Zelllinien mit einbeziehend.

Die amerikanische Behörde, die sich um diese Angelegenheiten kümmert, das PTO (U. S. Patents and Trademark Office) begreift die Isolierung, Klassifizierung und Modifizierung von Genen als Erfindung. Das bedeutet, dass das Leben der Natur reduziert wird auf Schrauben und Muttern, als ob es auf dem Fließband produziert wurde, wie es das Beispiel von der Maus mit Krebszellen, die von Phillip Leder, einem Biologen aus Harvard, entwickelt wurde, verdeutlicht. Dieses Patent ist auf alle Tiere ausgeweitet, die mit Onkogenen konstruiert werden. Das gleiche geschieht bei Monsanto, die alle Patente für rekombinierte Baumwollsamen besitzen. Das bedeutet, dass ein oder zwei transnationale Unternehmen die Besitzer aller Samen in der Welt sein könnten.[90] Es ist die menschliche *Hybris*, mit der wir uns nun konfrontiert sehen, die Biotechnologie als Arbeit der menschlichen Schöpfung nimmt und die menschlichen Wesen dem Willen ihrer Macht unterordnet, derselben Macht, die unseren Planeten verwüstet hat.

---

89   Vgl. Jeremy RIFKIN: *O Século da Biotecnologia*, S. 39–43.
90   Vgl. a. a. O., S. 47–50.

Biopiraterie

Fakt ist, dass die Biopiraterie in direkter Tradition der kolonialen Unterdrückung steht, welche die biologischen Reichtümer von unterentwickelten Ländern erforscht und geraubt hat. Mitarbeiter von Botschaften sowie katholische und protestantische Missionare unternahmen große Anstrengungen, die heimische Flora und Fauna zu erforschen, was während der Kommerzialisierung des Handels mit Gummi in Brasilien von 1879 bis 1902 geschah. Die Engländer schmuggelten die Samen von Gummipflanzen nach Südasien und zerbrachen so die Wirtschaft im Amazonasgebiet. Große Firmen schickten Forscher in die Länder der südlichen Hemisphäre, mit dem Ziel, indigenes Wissen zu erhalten. Mit diesem medizinischen Wissen wurden Setzlinge und Samen gesammelt, die dann in der Chemieindustrie zur Herstellung von Medikamenten verwendet wurden. Dreiviertel aller Medikamente, die aus Pflanzen hergestellt werden, werden bereits von indigenen Völkern genutzt. Ein Beispiel hierfür ist „Curare" – ein wichtiges Muskelrelaxanz. Genauso ist es mit den Blättern des *Clibatum silvestre* Busches. Diese Pflanze aus dem Amazonasgebiet, die von den Wapixanas-Indianern „Cunani" genannt wird, ist ein starkes Erregungsmittel für das zentrale Nervensystem und eine neuromuskuläre Substanz, die Herzblockaden rückgängig machen kann. Ein englischer Chemiker, Conrad Gorinsky, hat die Eigenschaften dieser Pflanze als seine Entdeckung patentieren lassen, nachdem er lange Zeit mit den Indianern zusammenlebte und das Wissen dieser Völker erkundet hatte. Er erhielt das Patent nicht nur für Cunani, sondern auch für Tipir, ein fiebersenkendes Mittel, das bei der Malariabehandlung, bei der Behandlung von Tumoren und im Kampf gegen AIDS wichtig ist.[91]

---

91 Liza VILLAMÉA, Max PINTO: Índio quer Patente. IstoÉ. 1581, S. 52–56. 19 de jan. 2000.

Der Wissenschaftler W.R. Grace isolierte die wichtigste Komponente eines indischen Baumes, der „Neem" genannt wird. Dieser Baum kann zu medizinischen Zwecken genutzt werden und heilt viele Krankheiten so wie unterschiedliche Infektionen und Diabetes. Er stellt Substanzen bereit, die, genutzt als Pestizide, so stark sind wie DDT, ohne die Umwelt zu verschmutzen. Dr. Grace stellte eine Anfrage auf Patentierung beim PTO und bekam die Bestätigung der Patentierung, obwohl indianische Wissenschaftler die „Neem"-Samen auf demselben Weg wie W.R. Grace isoliert und so Azadirachtin, den stärksten Inhaltsstoff des Baumes, stabilisiert hatten. Dies bedeutet, dass die Bauern nicht länger Zugang zu dem Samen haben und nicht mehr die von ihnen entdeckten aktiven Substanzen als Pestizid nutzen dürfen. Tatsächlich kann nun ein ganzes Land die Substanz, deren Nutzung im Verlauf der Jahrhunderte von Generation zu Generation perfektioniert wurde, nicht mehr nutzen.[92]

Eigentum und Freiheit sind zwei äußerst wichtige Begriffe im neoliberalen Programm der Globalisierung. Das Recht auf Eigentum haben nur diejenigen, welche die technischen Mittel besitzen, und damit haben nur sie das Recht, den genetischen Grundbesitz der Menschheit uneingeschränkt zu nutzen. Die global agierenden Unternehmen Bristol Myers, Monsanto und Dupont betiteln sich selbst als Intellectual Property Committee und geben die Kriterien zum Schutz von intellektuellem Eigentum selbst vor.

Reis, Weizen und Kartoffeln waren wild wachsende Produkte, die von Menschen im Verlauf der Geschichte durch Züchtung genetisch verbessert wurden. Monsanto verwendet dieses tausendjährige Wissen und wendet es in den Forschungen in seinen Laboratorien an und verlangt dann eine Zahlung für die Nutzungsrechte an den Samen.

---

92   Vgl. Jeremy RIFKIN: *O Século da Biotecnologia*, S. 50–53.

1993 hat eine koreanische Biotechnologie Firma, Lucky Biotech, den Süßstoff einer afrikanischen Pflanze patentieren lassen, der seit Jahrhunderten von den Ureinwohnern der Region genutzt wurde. Die Substanz ist ein Süßstoff mit einer geringen Kalorienzahl und viel süßer als gewöhnlicher Zucker. Diejenigen, die den Süßstoff ursprünglich entdeckt haben, waren die Vorfahren der Ureinwohner. Ihre Nachfahren sind nun nicht mehr in der Lage den Süßstoff zu nutzen. Es gibt eine Tendenz dahin, Abgaben an die Länder zu zahlen, die den Stoff zur Verfügung gestellt haben. Viele Firmen haben dies in einigen Ländern getan. Die Praxis der Kolonisierung ist diesen Verträgen inhärent, da Firmen, die vier Milliarden Dollar an Profiten erwirtschaften, nur eine Milliarde an Abgaben zahlen.

Dabei wird nicht beachtet, dass die indigene Bevölkerung die Fauna kultiviert und bewahrt hat und die Bauern der südlichen Hemisphäre viele Pflanzen entwickelt und verbessert haben. Das landwirtschaftliche Wissen ist etwas, das über Generationen hinweg weitergegeben und geteilt wurde. Viele NGOs fordern, dass genetisches Erbe nicht kommerzialisiert werden darf, wie es im Fall der Antarktis geschehen ist, die menschliches Erbe ist.[93] Das große Problem dabei ist nur, dass die Forschung im genetischen Bereich von Kommerzialisierung bestimmt ist.

Eine große Anzahl von Wissenschaftlern partizipiert an der öffentlichen Meinungsbildung oder ist beratend für Biotechnologiefirmen tätig. Diese geglättete und abhängige Beziehung schreckt die Wissenschaftler vor dem Informationsaustausch untereinander ab. Die wissenschaftlichen Entdeckungen wurden so zu Geheimnissen der Unternehmen, die der wissenschaftlichen Gemeinschaft nicht durch Publikationen zur Verfügung gestellt werden konnten. Das wissenschaftliche

---

93 Vgl. Jeremy RIFKIN: *O Século da Biotecnologia*, S. 53–58. Vgl. Fátima OLIVEIRA. Engenharia Genética: *Fundamentos da Bioética*, S. 140.

Feld wird von kommerziellen Verwertungsinteressen für die Wirtschaft und uninteressierter Kommunikation in der Gemeinschaft der Wissenschaftler dominiert.[94]

---

94   Vgl. Jeremy RIFKIN: *O Século da Biotecnologia*, S. 59.

Postmoderne Sklaverei
Die Abschaffung der Sklaverei

Im 18. Jahrhundert hatte England das Monopol für den Handel mit schwarzen Sklaven. Die Transportmittel waren so grausam, wie man es sich nur vorstellen kann. Ein großer Anteil an der englischen Bevölkerung zog Vorteile aus dem Handel mit Sklaven, wie beispielsweise die Personen, die durch den Handel mit Sklaven und Zucker zu großem Reichtum gelangt waren. Ein großer Teil der Bevölkerung akzeptierte die Sklaverei oder verteidigte sie sogar leidenschaftlich.[95] Im Jahr 1774 veröffentlichte Wesley einen Essay mit dem Titel „Thoughts on Slavery" und lehnte die Argumente, die Sklaverei verteidigten, ab, wobei er seine Bewunderung für die schwarze Bevölkerung bekannte und seinem Respekt vor ihrer Religion Ausdruck verlieh.[96]

Wesley verurteilte die Grausamkeit der Gefangennahme von Sklaven und die unmenschlichen Umstände des Transports, während dem die Sterblichkeitsrate sehr hoch war. Er erhob seine Stimme sowohl gegen die Praxis, dass Sklaven auf Lasttiere reduziert wurden, als auch gegen die Desintegration von schwarzen Familien.[97] Für Wesley war Freiheit ein

---

95 In der Analyse der Theologie Wesleys beschränken wir uns auf die folgenden Verse: John WESLEY: Sermão L: O Uso Do Dinheiro. In: *Sermões*. V. 2. São Paulo 1954; Ders.: Sermão XXXV: A Lei Estabelecida Pela Fé. In: *Sermões*. V. II. São Paulo 1954, S. 187; Ders.: Sermão XXXVI: A Lei Estabelecida Pela Fé. op. cit., S. 203.

96 William E. PHILIPPS: John Wesley Sobre La Esclavitud. In: *Juan Wesley: Su teología y la nuestra*. Ed. Roy H. MAY. San José 1989, S. A-65.

97 Vgl. a. a. O., S. A-65s.; S. A-64s. Die Positionen von Whitefield und Wesley zur Sklaverei waren vollkommen unterschiedlich. Whitefield argumentierte teilweise für die Sklaverei und nutzte dafür biblische, ökonomische und humanistische Argumente. Whitefield selbst war Besitzer von Sklaven, was uns aufzeigt, dass es unterschiedliche theologische Positionen zur Sklaverei gab, die sich besonders in der Soteriologie äußerten. Vgl. Duncan A. REILY: *A Influência do Metodismo na Reforma Social na Inglaterra no Século XVIII*, S. 166.

unveräußerliches Recht der menschlichen Kreatur, egal ob schwarzer oder weißer Hautfarbe. Als Verteidigung der Schwarzen bezog er sich auf das Naturrecht.[98] Wesley beendete seinen Essay: „The commanders of ships should leave slave trafficking; the traders should obey their conscience (neither buying nor selling slaves anymore); and the farmers should no longer drop anymore innocent blood."[99]

William Wilberforce, geboren 1759, war weder Methodist noch ein enger Freund von Wesley. Trotzdem ließ er sich von Wesleys pro-abolitionistischer Position inspirieren und machte als Parlamentarier die abolitionistische Utopie zu seinem Lebensprojekt. Wesley schrieb seinen letzten Brief an Wilberforce am 24. Februar 1791, nur sechs Tage vor seinem Tod, und ermutigte ihn dazu, seinen Plan für die Abschaffung der Sklaverei durchzusetzen.[100] Ein Absatz des Briefes besagt Folgendes: „Oh! Do not be discouraged of doing good. Go forth, in the name of God, and in the strength of his power, until the American slavery has disappeared, the most vile that the sun has shone on".[101]

Nach vielen Jahrzenten des Kampfes im Parlament kam es zum Sieg im Jahre 1807, als der Handel mit schwarzen Menschen verboten wurde. Das Emanzipationsgesetz trat einen Monat nach Wilberforce' Tod im Jahr 1833 in Kraft und schaffte die Sklaverei offiziell rechtlich ab.[102]

---

98 William E. PHILIPPS: *John Wesley Sobre La Esclavitud*, S. A–65.

99 Zitiert nach Duncan A. REILY: *A Influência do Metodismo na Reforma Social na Inglaterra no Século XVIII*, S. 166.

100 Vgl. Duncan A. REILY: *A Influência do Metodismo na Reforma Social na Inglaterra no Século XVIII*, S. 166; William PHILIPPS: *John Wesley Sobre La Esclavitud*, S. A–67.

101 Zitiert nach Paul Eugene BUYERS: *João Wesley: Avivador do Cristianismo na Inglaterra*. Publicação da Junta de Educação Cristã da Igreja Metodista do Brasil. São Paulo 1944, S. 42.

102 Vgl. Duncan A. REILY: *A Influência do Metodismo na Reforma Social na Inglaterra no Século XVIII*, S. 168; William PHILIPPS: *John Wesley Sobre La Esclavitud*, S. A–67.

Biotechnologische Sklaverei

Wir erkennen, dass die Sklaverei abgeschafft wurde, da die Menschen sahen, dass sie mit der Realität Gottes konfrontiert waren. Sowohl Wesley als auch Wilberforce starteten von der Prämisse ausgehend, dass das menschliche Wesen an sich einen Wert hat, da es von Gott bedingungslos geliebt wird. Der Wert des Menschen steht nicht mit utilitaristischen Interessen in Verbindung, sondern wird als Geschenk Gottes gesehen. In diesem Sinne sprachen sich im Jahr 1995 die größten Religionen gegen die Erlaubnis der Patentierung von Genen, Gewebe und menschlichen oder tierischen Organismen aus. Dadurch, dass Gott „aus dem Spiel genommen" wurde, haben die Wissenschaften und die Wirtschaft unmenschliche Gesetze geschaffen. Dies wird klar im Konflikt zwischen der Kirche und den Bankern im Mittelalter. Die Banker führten ein, dass bei verspäteten Zahlungen Zinsen erhoben werden dürften, mit dem Argument das Zeit Geld sei. Die Kirche hingegen sagte, dass die Zeit von Gott sei und nicht von Menschen und man nicht für das Eigentum Gottes zahlen könnte. Im Mittelalter waren gedachte Zeit und gedachter Raum zu Ehren Gottes organisiert, was auch am Beispiel der Architektur des Barocks sichtbar wird. Zeit, ablesbar an Uhren, und Raum, ablesbar an Karten und Raumplanungen, schritt voran und feierte den Ruhm des Menschen und wurde als Feier von Macht und Freiheit verstanden. Die Aufklärung definierte präzise das Recht auf Landbesitz, die Herrschaft über territoriale Verwaltung, die Planung und die soziale Kontrolle über Räume.

Das Projekt der Aufklärung privatisierte Räume, die zuvor mehr oder weniger gemeinsam von den Bewohnern des Landes genutzt worden, da auch die Feudalherren ihr Land mit Gräben, Burgen, Toren und Zöllen abgrenzten. Nichtsdestoweniger wollte das Projekt der Aufklärung zumindest zu Beginn eine gleichheitliche Demokratie schaffen, in der Räume kontrolliert und organisiert werden sollten und die Nutzung des Landes und die größtmögliche individuelle Freiheit gewährleisten sein sollte. Dies war eines der Hauptanliegen der Französischen Revolution, die die rationale Kartographierung von Räumen als administratives Instrument zur sozialen Kontrolle einsetzte. Wie dem auch sei, das Projekt der Demokratisierung des Raumes wurde von kapitalistischen Interessen untergraben und durch Geld umgestoßen. Demzufolge wurde das neue geographische System kommerzialisiert. Das, was genutzt wurde, um die Aufgabe der sozialen Gerechtigkeit und der Freiheit zu erfüllen, wurde in eine hochgradig repressive sozio-politische Struktur transformiert.

Während dieses Prozesses wurde Raum kommerzialisiert und privatisiert, wodurch ein Instrument von Herrschaft und Unterdrückung entstand. Besitz wurde zu einem Instrument sozialer Kontrolle. Die Minderheit besaß das Land und übte ökonomische und politische Kontrolle über die Bevölkerung aus. Ausgehend von der Aufklärung – die in diesem Sinne als Moderne verstanden werden sollte – ist es möglich, das Konzept des absoluten Raums als territoriale Abgrenzung zu verstehen, die keine soziale Funktion hat, aber exklusiv ihrem Besitzer dient, der in den Besitz eines bestimmten Raumes gelangt ist.

Nach unserem Verständnis ist es diese Vorstellung, die dem Gegenstand des Besitzes von Lebewesen und den Rechten an erhaltenem Wissen von anderen Herkunftskulturen zugrunde liegt. Die Postmoderne bricht mit dem modernen Ideal und führt es im selben Moment fort, insofern sie Profitabilität und Performanz als Kriterien der Beurteilung in menschlichen Prozessen wie Erziehung, Wissenschaft, Wirtschaft, Verwaltung von Organisation und Kunst und Kultur im Allgemeinen signifikant erhöht. Wir haben in der Postmoderne das absolute Primat der Kriterien von Nützlichkeit und Funktionalität in fast allen menschlichen Prozessen.[103]

---

103 Vgl. David HARVEY: *Condição Pós-Moderna: Uma pesquisa sobre as origens da mudança cultural*. 8. Ed. São Paulo 1999, S. 219–235.

Biopiraterie ist die Anwendung des Prinzips des Privateigentums aus der Aufklärung auf den Bereich der Lebewesen und menschlichen Wesen. Dementsprechend könnte es als eine Rückkehr zur Sklaverei auf dem amerikanischen Kontinent interpretiert werden. In der Moderne wurde der Mensch in seiner Totalität versklavt. Die Postmoderne verdreht diesen totalitären Prozess, da das menschliche Wesen nun in seinen einzelnen Teilen versklavt wird. Das bedeutet, dass das menschliche Genom intellektuelles Eigentum von biotechnologischen Firmen wird. Es gibt Projekte, die beabsichtigen, Blutproben von 5.000 unterschiedlichen Sprachgruppen zu sammeln mit dem Ziel, spezifische genetische Spuren zu finden, von denen die Menschheit profitieren könnte. Das wiederum bedeutet, dass diese Gruppen von den biotechnologischen Firmen, die ein genetisches Spezifikum einer ethnischen Gruppe entdecken würden, patentiert würden. Dieses spezifische Projekt wurde auch das „Vampir-Projekt" genannt.

1993 fand eine NGO heraus, dass die USA eine Anfrage gestellt hatten, einen Virus – wichtig für die Herstellung von Antikörpern, die in der Forschung zu AIDS und Leukämie Anwendung finden – zu patentieren, der im genetischen Code einer 26jährigen Guaymi-Indianerin aus Panama entdeckt wurde. Dies wurde ohne das Einverständnis dieser Menschen gemacht. Es wurde ebenfalls herausgefunden, dass die USA das gleiche mit der Bevölkerung von Papua-Neuguinea und der Bevölkerung der Salomo-Inseln getan hatte. Das Problem hierbei ist, dass die Nord-Amerikanische Gesetzgebung als Norm für andere Menschen gilt. Dieser Prozess der biologischen Kolonisation wird immer aggressiver und abwertender. 1995 wurde der HTVL-1 Virus in Papua-Neuguinea entdeckt und durch die USA patentiert. Alle Proteste der Regierungen der Staaten im Südpazifik wurden ignoriert. Alle Forderungen dieser Regierungen, eine Zone ohne genetische Patentierung einzurichten, wurden geringgeschätzt.

Das Gleiche wurde im „Vampir-Projekt" mit Eingeborenen in Indien durchgeführt. In Bengalen, der heutigen Region Bangladesch, gibt es eine Gruppe von Eingeborenen, die nicht von Cholera betroffen ist, auch wenn die Krankheit in der Region immer präsent ist.[104] Diese Eingeborenen werden als laboratorische Idealobjekte verstanden. Die Forscher haben die Bevölkerung, die spezifische genetische Charakteristika repräsentiert, komplett erschlossen.

Eine der wichtigsten Eroberungen der biotechnologischen Industrie war der Verkauf des genetischen Codes fast der kompletten Bevölkerung Islands. Nur 7 % der Bevölkerung verweigerten die Teilnahme. Als Austausch für die Information über ihren genetischen Code würde die Bevölkerung alle Vorteile der Krankenversicherung für den Rest ihres Lebens haben, garantiert durch die Firma, die den genetischen Code besitzt.[105]

Das Verbot des Exports von Blut, Zelllinien und DNA in Indien aus dem Jahr 1996 hat den Hintergrund des Schmuggels von biologischen Materialproben durch das National Institute of Health der USA. Das Institut war auf der Jagd nach den verursachenden Genen für eine pigmentierte Retina und Nachtblindheit. Die Suche nach Genen mit kommerziellem Wert ist so erbittert, dass den Wissenschaftlern – besonders denen aus Indien – große Mengen an Geld geboten wurden, um in diesem Geschäft zu kooperieren.

Die Biotechnologiefirma Amgen bezahlte 20 Millionen Dollar an eine Universität, um das Recht zu erhalten, Medikamente zu produzieren, die aus Genen gewonnen wurden, die mit Übergewicht assoziiert werden. Die Biotechnologiefirmen haben spezialisierte Professionelle, die überall auf der Welt nach Genen jagen. 1997 entsandte die Sequana Company, die auf diese Form

---

104 Vgl. Jeremy RIFKIN: *O Século da Biotecnologia*, S. 61.
105 Vgl. Elcio RAMALHO: O país que vendeu o DNA de seu povo. *Veja*, S. 74.
     Vol. 1694. Ano 34. Nº 13. 4 de abr. 2001.

von genetischen Nachforschungen spezialisiert ist, eine Expedition auf die Insel Tristan da Cunha, die eine feste Bevölkerung von 300 Personen hat, die seit 1817 dort lebt und von Engländern abstammt. Diese Bevölkerung ist interessant, da die Hälfte von ihnen an Asthma leidet. Der Firma gelang es, zwei Gene zu identifizieren, die für Asthma verantwortlich sind, aber die Entdeckungen wurden nicht öffentlich gemacht, da Sequana die kommerzielle Erforschung des genetischen Erbes verteidigt.

Rifkin beschreibt, dass ein Geschäftsmann aus Alaska, John Moore, feststellen musste, dass die University of California (UCLA) Teile seines Körpers hatte patentieren lassen. Er hatte eine seltene Art von Krebs und im Krankenhaus der Universität wurde entdeckt, dass Moores Milz eine Art von Protein produzierte, welches die Bildung von Leukozyten anregte, die eine sehr wichtige Antikrebssubstanz sind. Aus dem Gewebe seiner Milz wurde von der Universität eine Zelllinie generiert, die 1984 patentiert wurde, als ob sie eine Erfindung sei. Die Zelllinie ist mehr als drei Millionen Dollar wert. Moore verklagte daraufhin die Universität. 1990 sprachen die Richter des Supreme Courts von Kalifornien natürlich der UCLA das Recht zu. Hiermit bestätigten sie, dass Moore kein Recht über sein eigenes Gewebe habe, da das menschliche Gewebe nicht kommerzialisiert werden könne. Das Fundament dafür, die Universität in diesem Fall zu begünstigen, sei, dass es den Status einer Erfindung habe. Die Universität hätte Moore darüber informieren sollen, was sie mit seinem Gewebe machen. Dadurch, dass sie ihn nicht informiert hatte, habe die Universität ihre treuhänderische Verantwortung gebrochen und nur dafür müsse sie eine Entschädigungsleistung an Moore zahlen.[106]

---

106 Vgl. Jeremy RIFKIN: *O Século da Biotecnologia*, S. 63f. Die Bioethik Website der Staatlichen Universität von Rio Grande do Sul (Universidade Federal do Rio Grande do Sul) beschreibt den Fall: „Einem Patienten, S. Moore, wurden Zellen aus seinem Pankreas chirurgisch entfernt. Nach dem Vorgang nutzte der Arzt, welcher mit der kalifornischen

Die Firma Biocyte erhielt das Recht zur kommerziellen Nutzung von Rückenmarkszellen, die sie aus der Nabelschnur von Neugeborenen gewonnen hatten. Biocyte modifizierte nichts am menschlichen Blut, sondern isolierte und fror nur die Blutzellen ein. Dennoch hat nur die Firma das Recht auf das Patent, das bedeutet, sie kann es ablehnen, dass dieser Teil des menschlichen Körpers durch Menschen oder Institutionen genutzt wird, die nicht für das Produkt zahlen wollen. Ein anderes Beispiel ist Systemix Inc. aus Kalifornien. Die Firma erhielt die Patenrechte für Knochenmarkszellen aus dem menschlichen Knochen.

Viele Firmen nehmen Patenrechte bereits für Gene in Anspruch, noch bevor sie sich über deren Funktion im Klaren sind. Ein Institut beantragte die Konzession von Patenten für zweitausend Gene des menschlichen Gehirns ohne zu wissen, welche Rolle die Gene spielen. Rifkin schreibt, dass 1994 die Foundation of Economic Trends, deren Vorsitzender er war, die Initiative von Myriad Genetics zurückwies, Gene zu patentieren, die Brustkrebs auslösten. Das Argument der Initiative besagte, dass Gene ein gemeinsames Gut der Natur seien und keine menschliche Erfindung. Außerdem würden arme Frauen keinen Zugang zu Vorsorgemaßnahmen gegen Krebs haben, da die Firma die exklusiven Rechte zur kommerziellen Nutzung des onkogenen Gewebes hätte.[107]

Universität in Verbindung stand, die Zellen, um eine Zellinie zu kommerziellen Zwecken zu entwickeln. Der California Supreme Court of Justice, welcher von Mr. Moore angerufen wurde, entschied zugunsten der kalifornischen Universität. Der Richter bekräftigte, dass der Patient kein Recht auf den Besitz seiner Zellen hätte, die chirurgisch entfernt wurden, da sie als biologischer Abfall gehandelt wurden. Der Gerichtshof empfahl allerdings, dass der Arzt seine Patienten über seine Forschung und die damit verbundenen ökonomischen Interessen im Voraus informieren sollte." http://www.ufrgs.br/HCPA/gppg/schweitz. htm (Inhalt nicht mehr verfügbar).

107 Vgl. Jeremy RIFKIN: O Século da Biotecnologia, S. 34–36.

Das Prinzip Verantwortung

Rifkin macht eine interessante Feststellung, indem er die Beziehung zwischen Alchemie und Algeny[108] herausstellt. In diesem Zusammenhang müssen kritische Fragen gestellt werden, insofern Algeny auf alle Formen von Leben angewendet werden kann und alle lebendigen Wesen auf biologisches Material – die DNA – reduziert werden können. Daher ist es das erste Mal, dass der Mensch in die ihm eigene Erbstruktur eindringt und damit die äußerliche Herrschaft der Natur transzendiert. Nach Rifkin bedeutet Algeny, dass Lebewesen in vielfältige neue Formen rekombiniert werden können, wobei in die Essenz des lebendigen Wesens eingegriffen und nach ihrer Perfektionierung gestrebt wird.

Die Alchemie war als Vorstufe der pyrotechnischen Ära wichtig. In dieser Zeit bestimmten Chemie und Physik die Moderne. Alchemie bildete das Fundament für das Verständnis Isaac Newtons mechanischer Physik. Eugenik, neben dem Versuch der Verbesserung der Rasse, sucht ebenfalls nach der Möglichkeit, der Menschheit eine soteriologische und eschatologische Bedeutung zu geben. Auf die gleiche Art hatte die Alchemie einen metaphysischen Anschein, der es war, Antworten auf die Geheimnisse der Natur zu geben, genau so wie es die Eugenik im Inneren der Postmoderne versucht.

Alchemie, was sich aus dem arabischen Wort für Perfektion ableitet, strebte nach der Perfektionierung von Dingen. Metall beispielsweise würde im Prozess der Perfektionierung zu Gold

---

108 Algenie (engl. algeny), zunächst von Lederberg verwendeter Begriff zur Bezeichnung von Zielen und Aufgaben der Biotechnologie, als Kunstwort Genetik und Alchemie in Zusammenhang setzend. Später wurde das Wort von Rifkin als Verbesserung von existierenden Organismen und der Erschaffung neuer Organismen mit dem Ziel der Optimierung der Leistung dieser verstanden, das von diesem als große Gefahr für die Menschheit gesehen wird (S. E.). Hier wird der bedeutungstragende englische Begriff weiterverwendet.

werden. Der Alchemist verstand sich selbst als jemand, der den Prozess der Natur hin zu Perfektion und Unsterblichkeit beschleunigte. Ungeduldig wurde auf die Perfektionierung der Metalle hin zu einem solchen Zustand der Unsterblichkeit und Perfektion hingearbeitet. Die philosophische Repräsentation der Postmoderne hierfür ist die Biotechnologie. Wieder erinnern wir uns an die Bauhaus-Schule, welche die Bricolage als zwischen Kunst und Industrie, zwischen Design und Nützlichkeit angesiedelt vorschlägt, deren Entsprechung Biotechnologie als Vorschlag für die Erschaffung eines neuen Konzepts von Leben ist, welches die Vorstellung übersteigt, dass die Realität aus eng gespannten Teilen besteht, wie es noch in der Moderne üblich gedacht wurde. Die Naturwissenschaften, Künste, Ingenieurwesen und industrielle Prozesse sind in der Lage, aus komplett unterschiedlichen und sich gegenseitig ausschließenden Realitäten eine Realität zu konstruieren. Die Bricolage der unterschiedlichen Realitäten, die historisch unvereinbar waren, werden zu einer Realität, die jedoch nicht mehr länger in ihre Einzelteile zerlegt werden kann, beispielhaft verdeutlicht an dem Schwein, das mit menschlichen Genen biotechnologisch verändert wurde oder der bricolagten Ziege mit Spinnengenen oder auch das Gemüse, in das Glühwürmchen-Gene eingesetzt wurden. Dementsprechend können wir im Prozess der Biotechnologie den Plan eines neuen Designs, einer neuen Ästhetik, wie sie vom Bauhaus in der Architektur vorgeschlagen wurde, erkennen. Aus dieser Vision resultiert, dass Realitäten nicht absolut oder homogen sind, sondern es so viele verschiedene Realitäten gibt, wie es unterschiedliche Sichtweisen gibt. Realität kann in einem Moment von diesem Punkt und in einem anderen Moment von jenem Punkt gesehen werden; zum einen Zeitpunkt aus der Perspektive der Molekularbiologie, zum anderen aus der Perspektive der Kunst und zu einem wieder anderen aus der Perspektive der Informatik, der Genetik, der Ingenieurswissenschaft, der Philosophie.

In diesem Sinne ist für die Postmoderne die Vision von der Realität und der Welt eine kollektive Konstruktion, da wissenschaftliche Wahrheit ein Ergebnis der Multiperspektivität der Gemeinschaft ist, in die wir eingebunden sind. Dementsprechend ist der Blickwinkel auf das Objekt des Wissens immer der aus der Perspektive eines epistemologischen *locus*, in dem sich der Beobachter finden lässt. Das bedeutet, dass der gesamte Zugang für ein Objekt des Wissens notwendigerweise mit den intellektuellen Erzeugnissen der gelebten Zeit und des gelebten Raums des Individuums kontaminiert ist. Hierin liegt der besondere Beitrag der Postmoderne, der die Realität in ihrer mechanischen, absoluten, ästhetischen und punktuellen Sicht übersteigt und so Perspektiven für interdisziplinäres Wissen eröffnet.[109]

Es ist notwendig, sich an dieser Stelle daran zu erinnern, dass Biotechnologie nicht nur die künstlerische und ästhetische Wahrnehmung in sich trägt, sondern mit fundamentaltheologischen Referenzen und religiösen Archetypen, wie Erlösung oder dem ewigen Leben durchdrungen ist. Die Postmoderne übersetzte diese Begriffe, indem Erlösung und ewiges Leben in säkularisierter Form als physische Perfektion und lange Lebenszeit wieder aufgerufen wurden. In diesem Prozess der Perfektion ist auch die Unsterblichkeit nicht ausgeschlossen. Die algenische Wissenschaft arbeitet mit dem Bild, dass – beginnend mit dem Ausgangsstoff der DNA – alle menschlichen Wesen unendlich reprogrammiert und rekombiniert werden können. Dies ist nicht zwischen verschiedenen Wesen derselben Spezies innerhalb der Gruppe der Tiere und Pflanzen möglich, aber dafür zwischen verschiedenen Spezies und zwischen verschiedenen Gebieten. Außerdem ist es möglich,

---

109 Für den Molekularbiologen ist die lebendige Welt potential. Sowohl Alchemie als auch Eugenik arbeiten mit der aristotelischen Annahme von *potentia*. Vgl. ARISTÓTELES: *Categorias*. Lisboa 1982.

Nachahmungen von lebendigen Organismen zu erzeugen. Diese wären im Sinne der Algeny den Ausgangsindividuen, von denen ausgehend sie hergestellt wurden, überlegen. Das Ziel ist die Suche nach Perfektion, ähnlich der der Alchemisten.[110] Perfektion, so gewendet, könnte Heu in Fleisch verwandeln, ein Prozess der beispielsweise bei Rindern angewandt wird.[111]

Rifkin betont hierbei: „The more powerful technology is in the expropriation and control of nature's forces, the more severe the price will be of what we will be forced to pay in terms of disorder and destruction caused to the ecosystems and to the social systems that sustains life. Certainly our recent experience with petrochemical and nuclear revolutions proves this old truth."[112]

Die Reflexionen von Hans Jonas schlagen eine Ethik der Verantwortung vor, die sich der Bedrohung durch den Missbrauch von Technik und Naturwissenschaft stellt. Nach Jonas sollte das Prinzip der Verantwortung die Heuristik der Furcht bevorzugen, wenn die Mächte, die das menschliche Leben bedrohen, einem gegenüberstehen. Die Heiligkeit des Lebens wäre nicht bekannt, wenn der Tod und das Gebot „Du sollst nicht töten!" nicht existieren würden. Außerdem würden wir das Leben und die Würde der Gesundheit nicht genug wertschätzen, wenn wir nicht zu einem Minimum der Möglichkeit einer Krankheit, die zum Tode führen könnte, ausgesetzt wären. Die Heuristik der Furcht bewahrt den profunden Respekt vor dem Leben und seinen Geheimnissen. Jedoch hat die heuristische Methode nach Jonas nicht das letzte Wort, sondern sollte genutzt werden – in

---

110 Die hier bereits öfters zitierten Arbeiten von Lucien Sfez bieten eine bereichernde Analyse der eugenischen Utopie der biomedizinischen Wissenschaft und ihrer eschatologischen Referenzpunkte der perfekten Gesundheit. Vgl. Lucien SFEZ: *A Saúde Perfeita: Crítica de uma nova utopia*, S. 173–181. Vgl. auch Fátima OLIVEIRA: *Engenharia Genética: Fundamentos da Bioética*, S. 152.

111 Vgl. John NAISBITT, Patrícia ALBURDENE: *Megatrends 2000*, S. 310.

112 Jeremy RIFKIN: *O Século da Biotecnologia*, S. 37.

ihrer ganzen Potenzialität und mit all ihren Möglichkeiten – als das erste Wort inmitten der wenigen, die sich auf die Furcht in Bezug auf das Leben beziehen.[113]

Nach unserem Verständnis kann hiervon ausgehend die Heuristik der Furcht nicht auf die Stufe eines nicht hinterfragbaren und rigiden Dogmas erhoben werden. Die Methodologie dieser Hermeneutik, wie sie von Jonas vorgeschlagen wurde, liegt am Anfang von wissenschaftlichen Aktivitäten und in der Benutzung von Technik. Die Furcht vor dem Leben ist als methodologischer Ausgangspunkt für die Bestrebungen wissenschaftlicher Arbeit gesetzt. Das Wissen, das die Furcht vor dem Leben als Ausgangspunkt hatte und seine Heiligkeit (die Beziehung zu Gott, zur Würde des menschlichen Lebens und der Würde aller Wesen der Schöpfung) wahrnimmt, wird auch das Wissen einer verantwortlichen Wissenschaft sein. So wird Leben in seinen unterschiedlichsten Formen nicht auf eine utilitaristische Vernunft reduziert.

Nach unserem Verständnis war es besonders das mechanistische Paradigma – Descartes reduzierte die Schöpfung zu einem Ding, einer Maschine –, das das Fundament für eine Desakralisierung der Natur legte und die Dimension der respektvollen Furcht vor dem Leben und der Schöpfung in ihrer Totalität unterband. Die Herrschaft des Wissens, die vom Paradigma Bacons vorgeschlagen wurde, reduziert die Schöpfung – die als Alterität und Würde angesehen wird – auf ein mechanisches Konzept der Natur als kalte, tote und stumme Realität. Deswegen wurde dies die Voraussetzung für die Möglichkeit, die Natur zu zerlegen – „dissecting nature" –, wie Bacon zu sagen pflegte.

Wir denken, dass dieses Konzept von „Natur" die „Reifizierung" des Lebens und der Schöpfung zum Ausdruck bringt. In diesem Sinne werden die Geheimnisse der Natur entrissen und

---

113 Vgl. Hans JONAS. *Das Prinzip Verantwortung*: Versuch einer Ethik für die technologische Zivilisation. 12. Ed. Frankfurt am Main 1995, S. 63.

der Herrschaft der menschlichen Vernunft untergeordnet, um so die Bedingung und Möglichkeit der Auslöschung der Heuristik der Furcht zu sein. In der Auslöschung der respektvollen Furcht liegt die Bedingung und Möglichkeit, die Natur auf die Logik der Herrschaft über die Schöpfung zu reduzieren und sie so in eine tote und stille Natur zu verwandeln. Die kriegerische Referenz kann im Werk Novum Organum von Francis Bacon klar identifiziert werden, wenn er den „victory over nature through action" vorschlägt.[114] Es ist ein wahrer Krieg gegen die Natur mit dem Ziel, sie zu beherrschen. Vielleicht ist es kein Zufall, dass die moderne Wissenschaft sich in die Dienste der Rüstungsindustrie stellt.

In Anbetracht dieser Tatsache ist Verantwortung für Jonas fundamental, damit vor dem technischen Fortschritt Entscheidungen getroffen werden, die alle Versprechungen und Bedrohungen mit einbeziehen. Nach Jonas wird die moderne Gesellschaft von der Irrationalität der frenetischen Suche nach Profit bestimmt und alle Dinge sind auf Nützlichkeit und Profitabilität ausgerichtet. Die natürlichen Ressourcen werden der Herrschaft der irrationalen Logik des Profits und der künstlich erzeugten Notwendigkeiten des Marktes unterworfen, um dessen Forderungen zu erfüllen.[115] Jonas zur Folge ist Technologie eine einfallsreiche Notwendigkeit des Menschen. Es ist wahr, so Jonas, dass die kreative Neuheit des Menschen gesellschaftlichen Fortschritt durch technische, wissenschaftliche, soziale und politische Eroberungen macht und die Möglichkeit eines

---

114 Francis BACON: Prefácio do Autor. Novum Organum. *Os Pensadores.* Vol. 13, S. 14.
115 Vgl. Hans JONAS: *Das Prinzip Verantwortung*, S. 260–262. Es gibt zahlreiche Bioethiker, die auf der Grundlage des Prinzips der Verantwortung von Hans Jonas ethische Konzepte entwickeln. Beispiele hierfür sind Volnei Garrafa und José Eduardo de Siqueira. Vgl. José Eduardo de SIQUEIRA: A Responsabilidade dos cientistas. In: Antonio MARCELLO (Ed.): *Medicina: Conselho Federal.* Ano 12. N° 92. S. 8. Abr. 1998.

Zugangs zu Technologien, Bildung und Kultur erweitert. Jedoch hat all dies einen Preis, welcher der Verlust von grundlegenden Elementen der Organisation und in letzter Konsequenz der Verlust der menschlichen Würde ist. Die spezialisierten Wissenschaften bringen eine Fragmentierung des Wissens mit sich. Wissen wird in einzelne Teile aufgespalten und die systematischen und generellen Referenzpunkte des Wissens gehen verloren. Der Verdienst der Postmoderne ist die Suche nach dem interdisziplinären Dialog, der diese Spaltung überwindet.

Da Technik Uneindeutigkeiten enthält und nicht alles, was technisch möglich auch ethisch tragfähig ist, zeichnen sich die technischen Möglichkeiten durch ein außergewöhnliches und nicht vorhersagbares zerstörerisches Potenzial aus.[116] In Bezug auf diese Reflexionen von Hans Jonas können wir sagen, dass das Klonen von Menschen in Bezug auf die technische Machbarkeit kein Problem ist. Es ist eine ethische Fragestellung, da die menschliche Reproduktion nicht mehr den männlichen und den weiblichen Part der Keimzellen benötigt, da die Eizelle durch eine andere Eizelle befruchtet werden kann. Wir sehen uns mit einer tragischen und beängstigenden Komödie der Zeugung konfrontiert, da die algenische Dimension der Perfektionierung, der Exklusion und der Einfluss des Marktes alle dieser technischen Fortschritte bestimmen.[117]

Hans Jonas verteidigt eine Ethik, welche das Thema Verantwortung der Größe des Schutzes der aktuellen und zukünftigen Generationen anpasst. Die gegenseitige Abhängigkeit und die wechselseitigen Beziehungen werden von allen Bereichen der Realität bestätigt. Die Realität ist ein versponnenes Netz von Beziehungen. Das bezieht sich auch auf Vorstellungen der Vergangenheit, der Gegenwart und der Zukunft. Die aktuelle

---

116 Vgl. Hans JONAS: *Das Prinzip Verantwortung*, S. 31; S. 292–297.
117 Vgl. Fátima OLIVEIRA: Engenharia Genética: *Fundamentos da Bioética*, S. 146–152.

Generation ist genetisch verwandt mit all den vorhergehenden Generationen und auch den Generationen der Zukunft. Die Realität ist durch ihre Totalität integriert. Die technologischen Fortschritte müssen in einem Horizont der gesamten menschlichen Gemeinschaft gesehen werden mit einem besonderen Fokus der Effekte der Gegenwart auf die Zukunft.[118]

Die Ethik der Verantwortung, die von Hans Jonas entwickelt wurde, ist günstig für die technische Entwicklung, da diese als Element zur strukturellen Entwicklung der Menschheit hinzugefügt wird. Das grundlegende Thema der von Jonas konzeptionierten Ethik ist die Einsicht der Verantwortung der gegenwärtigen Generation für zukünftige Generationen. Verantwortung bedeutet Solidarität mit den nächsten Generationen, wenn die Auswirkungen von wissenschaftlichen Entwicklungen der Gegenwart Auswirkungen auf die zukünftigen Generationen haben.[119] Konkret bedeutet das, dass wir Biotechnologie nicht mit der Intention benutzen dürfen, zukünftige Spezies und deren Leben negativ zu verändern. Die biotechnologische Arroganz demonstriert ihre unverantwortliche Einstellung, indem sie die Schäden, die sie der Zukunft bringen könnte, nicht prognostiziert oder im Voraus berechnet.

Verantwortung ist Solidarität mit der Totalität der Realität, die nach der Bewahrung der Schöpfung und des menschlichen Wesens strebt. Von dieser Position ausgehend ist es akzeptabel, die Keimbahntherapie zu nutzen, um Krankheiten zu korrigieren und Mängel der Natur zu korrigieren, die zu kongenen Krankheiten führen.[120] In diesem Sinne führt der brasilianische Denker Volnei Garrafa in seiner Forschung eine dynamische

---

118 Vgl. Hans JONAS: *Das Prinzip Verantwortung*, S. 84–86; Volnei GARRAFA, Giovanni BERLINGUER: Os limites da manipulação. *Folha de São Paulo.* c.5. S. 6. 1º de dez. 1996.

119 Vgl. Hans JONAS: *Das Prinzip Verantwortung*, S. 33–38; 84–95.

120 Vgl. Leocir PESSINI, Christian de Paul DE BARCHIFONTAINE: *Problemas atuais de Bioética*, S. 244.

Beziehung zwischen gegenseitiger Abhängigkeit, Vielfalt und Freiheit ein. Für ihn übernehmen die Desorganisation von Ideen und die Unterbrechung von Praktiken und moralisch akzeptierten Normen die menschliche Spezies.[121]

Das ist das Gespenst, das im Moment umgeht, da es so aussieht, als ob die moderne Molekularbiologie den Vorhersagen aus Aldous Huxleys „Brave New World" entspricht. Wissenschaftler waren bereits in der Lage, die Zeit der Schwangerschaft von neun auf sechs Monate zu reduzieren. Es ist möglich, Babys außerhalb des Mutterleibs in Petrischalen zu entwickeln. Die embryonalen Zellen teilen sich selbst und wachsen, bevor sie in die Gebärmutter eingepflanzt werden, die im Regelfall gemietet ist. Das Ziel, auf das hingearbeitet wird, ist die Entwicklung von künstlichen Gebärmüttern, ähnlich zu Reagenzgläsern, die eine effizientere Unterstützung garantieren würden und in denen genetische Korrekturen mit weniger Aufwand durchgeführt werden könnten.

Hierfür prägte Huxley fast schon mit prophetischer Weitsicht den theologischen Begriff der „Prädestination" um, was wir hier als „Algeny" – die Suche nach Perfektion und Unsterblichkeit – übersetzen. Im algenischen und eugenischen Prozess der Selektion sind einige – durch die Fabrik, in der die Menschen produziert werden – als höhere Wesen bestimmt, die Alpha-Plus und Alpha-Minus. Auf der anderen Seite stehen die Gammas und Epsilons, die Geächteten unter den verschiedenen Klassen der Gesellschaft. Diese Menschen werden im industriellen Maßstab produziert. Das Laboratorium findet sich in einem gigantischen und klinischen Gebäude mit dem Namen „Central London Hatchery and Conditioning Centre". Die

---

121 Vgl. Volnei GARRAFA, Giovanni BERLINGUER: Os limites da manipulação. *Folha de São Paulo.* c. 5. S. 6. 1º de dez. 1996.

Wesen werden nach ihrer Geburt aus dem künstlichen Mutterleib so konditioniert, wie es der Weltstaat vorbestimmt.[122]

Nach Rifkin, bekräftigt durch führende Wissenschaftler, gibt es den folgenden Vorschlag: „The babies would breathe liquids called perfluorocarbons, that carry oxygen and carbon dioxide in high concentrations (...) A pump would maintain continuous fluid circulation, allowing a change of gases (...) The womb would be equipped with filters to remove toxins from the liquids. The nutrition would be made in an intravenous form, how it is now. The womb would provide an independent system in which development and growth could normally occur until the second „birth" of the baby."[123]

Jonathan Slacks kopfloser Frosch, der 1997 gezeigt wurde, war durch die Manipulation seiner Gene konstruiert worden, die eine Entwicklung des Kopfes, des Torsos und des Schwanzes der Kaulquappe unmöglich machten. Von diesem Punkt ausgehend wäre es auch möglich, Menschen ohne Köpfe in künstlichen Gebärmüttern zu erschaffen. Der Embryo würde reprogrammiert werden, sodass ungewünschte Körperteile sich nicht und nur interessante und gewünschte sich entwickeln würden, wobei Herz und Blutzirkulation nicht verändert würden. Das ist ein Weg, auf dem menschliche Organe erzeugt werden könnten, da etwas, das weder Gehirn noch Nervensystem hat, nicht als menschliches Wesen in Betracht gezogen werden kann. Hierdurch würden sich dementsprechend alle ethischen Konflikte lösen.[124] In Anbetracht dieser außergewöhnlichen technischen Möglichkeiten der Wissenschaft stellen sich Fragen, die mit dem Überleben der Menschheit und dem Planeten Erde selbst

---

122 Vgl. Aldous HUXLEY: *Admirável Mundo Novo*. 24. ed. São Paulo 1998, S. 7–69.

123 Langer/Vacanti, zitiert nach Jeremy RIFKIN: *O Século da Biotecnologia*, S. 32.

124 Vgl. Jeremy RIFKIN: *O Século da Biotecnologia*, S. 33.

verbunden sind. Auf diese Art entsteht die Reflexion und Forschung, die unter dem Namen der „Bioethik" bekannt ist.

In diesem Zusammenhang ist besonders das Thema der
Organspende von Interesse.[125] Die Logik der Exklusion ist so
beispielsweise bei Nierentransplantaten präsent. Frauen könnten abgelehnt und Männer könnten favorisiert werden; weiße
Menschen könnten Vorrang vor schwarzen Menschen erhalten,
die Reichen vor den Armen und junge Menschen könnten Vorrang vor alten Menschen haben. Das Problem ist so schwerwie-
gend, dass „there are complaints of privileging the young in
some transplant centers, with the only intent of improving the
clinical statistics, aiming the financial maintenance applied
in the programs."[126] Die Frage der ausschließenden Solidarität
wurde in Großbritannien diskutiert. Ein Krankenhaus in Shef-
field akzeptierte die Bedingung, dass eine Niere nur in eine Person weißer Hautfarbe transplantiert werden dürfte.[127]

Giovanni Berlinguer, ein wichtiger Wissenschaftler und der
ehemalige Senator der Italienischen Republik, und Volnei Garrafa, Professor an der Universität von Brasília, kritisierten die
Gleichwertigkeit von Körper und Handelsgut, wie sie von den
Philosophen John Harris und M. Lockwood vorgeschlagen wurde, die beide den Kauf und Verkauf von menschlichen Organen
als ethisch verantwortbar betrachten.[128]

---

125   Vgl. Volnei GARRAFA: Respostas éticas ao mercado de órgãos humanos:
    doações, pesquisa e prevenção. In: Leocir PESSINI, Christian de Paul DE
    BARCHIFONTAINE: *Fundamentos de Bioética*, S. 207–209.
126   Volnei GARRAFA: Respostas éticas ao mercado de órgãos humanos: do-
    ações, pesquisa e prevenção. In: Leocir PESSINI, Christian de Paul DE
    BARCHIFONTAINE: *Fundamentos de Bioética*, S. 211.
127   Vgl. Sylvia COLOMBO: Reino Unido tem transplante racista'. *Folha de
    São Paulo*. São Paulo, 8 julho 1999. Caderno Mundo, S. 12.
128   Giovanni BERLINGUER, Volnei GARRAFA: *O Mercado Humano*: Estu-
    do bioético da compra e venda de partes do corpo. 2a. ed. Brasília 2001,
    S. 161–182. Im Kontext der Diskussion um die Kommerzialisierung der
    Organtransplantation sagt H. T. Engelhardt Jr.: Wenn die Organe frei-
    willig an eine andere Person verkauft werden, gibt es keine Verletzung

Ein gewisser philosophischer Trend nimmt an, dass Fötus-träger mit geistigen Einschränkungen und ältere Menschen ohne Bewusstsein für Experimente verwendet oder sogar ausgelöscht werden können. Dieser Sichtweise zufolge sollten „überlegene" Tiere – solche die eine Sprache haben wie Gorillas, Schimpansen, Hunde und Katzen – als Personen in Betracht gezogen werden. Menschliche Wesen, die kein Bewusstsein haben, wie Träger von geistigen Einschränkungen, sollten nicht als Personen in Betracht gezogen werden. Dementsprechend könnten sie ausgelöscht werden.

Das grundlegende Thema hierbei ist unsere präsente Erfahrung als menschliche Wesen. Aber wie wird „Mensch" heutzutage verstanden? Die Frage der menschlichen Würde stellt sich zu Beginn des jetzigen Jahrtausends auf eine besondere Art und Weise, da die Belange direkt mit dem Überleben der Menschheit verbunden sind und die Antworten auf diese Fragen komplett unvorhersehbar sind. Die Thematik der Würde des menschlichen Lebens ist durch zahlreiche verschiedene Philosophen und Wissenschaftler direkt mit der Nützlichkeit für den Markt und der Qualität des Lebens verbunden, dementsprechend festhaltend, dass das menschliche Leben Würde hat, weil es der Gesellschaft und dem Markt Profit bringt. In diesem Zusammenhang werden Freude und die Abwesenheit von Leid grundlegende Kriterien für das Verständnis der menschlichen Würde.[129]

---

des Prinzips der Autonomie. Diese Form des Handels, basierend auf den Prinzipien der Freiwilligkeit, sollte Teil des geschützten Zirkels der Privatheit von freien Individuen sein. Vgl. H. T. ENGELHARDT Jr., zitiert nach Giovanni BERLINGUER, Volnei GARRAFA: *O Mercado Humano*: Estudo bioético da compra e venda de partes do corpo, S. 175.

129 Vgl. Peter SINGER: *Ética Prática*. 2a. ed. São Paulo 1998 [1993], S. 399. Gottfried Brackemeier nähert sich der Frage der unbeschränkten Würde des Menschen von der Theologie Luthers her, die sich von der säkularisierten, angelsächsischen und calvinistischen Tradition unterscheidet, welche einen utilitaristischen Zugang priorisiert. Vgl. Gottfried

Erich Fromm warnt eindringlich, wenn er schreibt: „Man, living in a mercantilist economy, considers himself merchandise. It is unassociated with what he wants to sell. It is certain that he is interested in himself, immensely interested in his success in the market, but ‚He' is the administrator, the employer, the seller – and the merchandise."[130]

Diese Diskussion ist sehr aktuell, da wir sehen, dass der Nürnberger Kodex und die Erklärung von Helsinki – die garantieren sollten, dass die beste verfügbare Technologie für alle Menschen an allen geografischen Standpunkten verfügbar ist – durch die Anwendung der besten verfügbaren Technologie in einer bestimmten Region ersetzt werden.[131] Die armen Länder werden verkrüppelt, da die besten Behandlungen für ihre Bevölkerung nicht vorhanden sind, da sie überhaupt keinen Zugang zu den besten verfügbaren Ressourcen der internationalen wissenschaftlichen Gemeinschaft haben. Das bedeutet, dass arme Gesellschaften keinen Zugang zu den medizinischen Protokollen der reichen Länder haben. Der Logik der World Medical Association – die von den USA beeinflusst ist – zufolge würde eine Nichtanwendung der AZT-Behandlung bei Serologie-positiven schwangeren Frauen in den USA ethisch gesehen eine Rüge nach sich ziehen. Für eine schwangere Frau in afrikanischen Ländern hingegen würde dies eine ethisch richtige Entscheidung darstellen, wenn die Frau keine AZT-Behandlung erhalten würde, da „the best diagnostic prophylactic or therapeutic method" in den USA – nach Aussage der World Medical Association – für schwangere Frauen in Afrika nicht verfügbar sei.[132]

BRAKEMEIER: *O ser humano em busca de identidade*: contribuições para uma antropologia teológica. São Leopoldo 2002, S. 220.

130 Erich FROMM: *Análise do Homem*. 13 ed. Rio de Janeiro 1986, S. 121.; Erich FROMM: Man for Himself. New York/Toronto 1960, S. 134.

131 Vgl. *Revista Conselho Federal de Medicina*. fevereiro 2000, S. 22.

132 Vgl. Debora DINIZ: *Revista Conselho Federal de Medicina*. fevereiro 2000, S. 8.

Technik und Bioethik: Konfrontation oder Dialog?

Der Begriff Bioethik ist ein Neologismus, der von den griechischen Worten *bios* und *ethike* abstammt. Das ursprüngliche Verständnis des Begriffes der 1971 von Van Rensselaer Potter in seinem Buch *Bioethics: Bridge to the future* eingeführt wurde, bringt die Aussage in die Diskussion ein, dass es notwendig für wissenschaftliche Forschung im biologischen Feld sei, ethische Fragestellungen, welche die Würde des Menschen, der Tiere und der Umwelt und auch die komplette Biosphäre betreffen, mit einbeziehen, zu bedenken. Auf diese Art ist die Bioethik nicht auf die rechtlichen Fragen der Medizinethik beschränkt. Sie befasst sich sowohl mit Fragen, die mit Werten in den Lebenswissenschaften verbunden sind, als auch mit den aufkommenden Problemen, die mit biomedizinischen Erfindungen in Verbindung stehen. Die Bioethik nimmt Themen wie öffentliche Gesundheit, Geburtenkontrolle, Tierexperimente und Umweltprobleme in Angriff und geht auf Fragen der sozialen Gerechtigkeit und eben auch die Humanisierung der Wissenschaften, insbesondere der Biomedizin, genauer ein.

Die moderne cartesianische Wissenschaft mit ihrer Erklärung der Autonomie der Wissenschaft in Bezug auf die Moral trennte die Forschung vom ethischen Feld ab, während die Postmoderne die ethischen Fragestellungen partikularisierte und segmentierte. Ethische Entscheidungen in der Postmoderne wurden den Kriterien der Sphäre des Marktes untergeordnet: Nützlichkeit, Lukrativität und Leistung. Dementsprechend gehen Moderne und die Postmoderne Hand in Hand, manchmal in einer widerstreitenden Beziehung, manchmal in einer Beziehung von gegenseitiger Bestätigung.

Wir verstehen, dass die Bioethik einer der echten postmodernen Beiträge und Ausdrucksformen ist, da sie multidisziplinäre Diskussionen vorschlägt. Deshalb ist es für die partikularisierte Ethik möglich, in den Dialog im Kontext der

Fortschritte der Forschung und der gesellschaftlichen Entwicklung zu treten, die selbst von den Fortschritten der technologischen und wissenschaftlichen Kultur profitiert, aber zugleich auch an ihren negativen Auswirkungen leidet. Klar ausgedrückt setzt die Bioethik sich mit dem Überleben des gesamten Ökosystems auseinander, da sie die Ambiguitäten, die Wissenschaft und Technik enthalten, verdeutlicht: Dieselben wissenschaftlichen Fortschritte haben zur selben Zeit sowohl ein wohltätiges als auch ein bösartiges Potenzial, gemäß dem, was wir in den vorhergehenden Kapiteln diskutiert haben. Es muss in Betracht gezogen werden, was Van Rensselaer Potter in der Veröffentlichung *Bioethics: Bridge to the Future* vorschlägt, nämlich Biologie, medizinische Praktiken, soziales, politisches und kulturelles Wohlbefinden des Menschen sowie den Schutz der Natur miteinander zu verbinden.[133]

Theologen und Philosophen leisteten einen wichtigen Beitrag bei grenzwertigen Entscheidungen von Klinikärzten in Zusammenhang mit der Bitte einer Abschaltung der lebenserhaltenden Maschinen eines Sterbepatienten. In diesem Zusammenhang waren zwei Theologen von besonderer Relevanz: Joseph Fletcher, der 1954 *Morals and Medicine* geschrieben hatte, und Paul Ramsey, der 1970 das Buch *The Patient as a Person* veröffentliche, welches das erste Werk war, das sich mit bioethischen Fragestellungen als eine akademische Disziplin auseinandersetzte. Zudem befasste sich auch der deutsche Theologe Helmut Thielicke, Professor an der Universität Hamburg, im Kontext von *Borderline Situations* mit dieser Frage. Solche Situationen bringen unüberwindbare ethische Konflikte mit sich, alle getroffenen Entscheidungen sind in solchen Grenzfällen wahrscheinlich mit Schuld behaftet.

---

133   Vgl. Débora DINIZ, Dirce GUILHEM: *O que é Bioética*. São Paulo 2002, S. 11–14. (Coleção Primeiros Passos). Vgl. Álvaro L. M. VALLS: *Da Ética à Bioética*. Petrópolis 2004.

Dementsprechend bringt der wissenschaftliche Fortschritt immer neue ethische Konflikte mit sich. Eine große Zahl von Patienten mit chronischem Nierenleiden und eine geringere Zahl von Hämodialyse-Maschinen förderten ein solches ethisches Problem zutage, was zu einem Artikel aus dem Life Magazin von 1962 mit dem Titel „They decide who lives and who dies" führte. Der Artikel spricht von einem Komitee in Seattle, welches das vorgegebene Ziel hatte, Patienten für die Hämodialyse auszuwählen. Eine kleine Gruppe von Laien, keine Mediziner, begann über Prozeduren in der Medizin und die Auswahl von Patienten mit Nierenleiden nachzudenken. Hierbei war die Ausgangsfrage, was die Kriterien dafür sind, dass jemand Zugang zu so einer Maschine erhält, und welche Kriterien, wie zum Beispiel Geschlecht, Alter oder finanzielle Situation, berücksichtigt werden sollten.

Das Vorrecht der ärztlichen Entscheidung wird mit Repräsentanten der Zivilgesellschaft geteilt, was David Rothman bereits in seinem Buch *Strangers at the Bed Side: A History of how Law and Bioethics transformed medical decision making* vorgeschlagen hatte. Neben diesen Themen kam in dieser Zeit der 60er Jahre in den USA auch der Rassismus als soziales und ethisches Problem in den Blick und das Bewusstsein der Menschen.

Neben den Grenzfällen der Dialyse in Seattle entstand auch die Diskussion über Experimente an menschlichen Wesen. Experimente zu Diabetes wurden an Menschen mit Defiziten durchgeführt, Experimente zu Syphilis an Menschen mit schwarzer Hautfarbe und Experimente zu Krebs an älteren Menschen, bei denen krebserregende Zellen injiziert wurden. Hierbei wurde festgestellt, dass die Kranken – die sich bereits in der Situation der Verwundbarkeit befanden – zu „Menschenmaterial" für die Forschung werden konnten. Dem gegenüberstehend verlangte die Gesellschaft, dass der wissenschaftliche Prozess die Würde des menschlichen Wesens berücksichtigte. Menschlichen Föten, Kinder, Gefangene, Geisteskranke und verwundbare Teile der Bevölkerung, die zu anderen Zeiten in den USA als Versuchs-kaninchen verwendet wurden, sollten nun vor den Forschern beschützt werden. Hierfür berief der Kongress der Vereinigten Staaten 1974 eine „National Commission for the Protection of Human Subjects of Biomedical and Behavioral Research". Die Aufgabe dieser Kommission war es, grundlegende ethische Prinzipien zu finden. Der Belmont Report, der 1978 als Ergebnis der Kommission präsentiert wurde, ist Referenzpunkt der Prinzipalistischen Ethik, die auf eben solchen Prinzipien fußt. Der Report bestätigte die grundlegenden Prinzipien der Autonomie, der informierten Übereinstimmung und der Gerechtigkeit „which is the impartiality in the distribution of risks and benefits". Zentral ist die Forderung das „the equal must be treated equally". Dieselben Prinzipien der Wohltätigkeit und Nicht-Schädlichkeit wurden zuvor im Nürnberger Kodex von 1947 und der Erklärung von Helsinki bestätigt. In Brasilien gibt es den Beschluss 196/96, der die Forschung mit menschlichen Wesen standardisiert und reglementiert.

Die Prinzipalistische Ethik muss auf den neusten Stand gebracht werden, wobei dem Kontext von Unterdrückung und Armut wie Tugendhaftigkeit, Gemeinschaft, Barmherzigkeit, Solidarität, Sorge und Gleichheit besondere Bedeutung zukommt. Die Prinzipalistische Ethik war auch im Kontext des neuen Verständnisses der Diagnose des Todes anhand des Hirntodes zu Beginn der 70er Jahre wichtig. Das in dieser Diskussion entwickelte Konzept gewann aufgrund seiner Nützlichkeit viele Anhänger, da so mehr Leben durch die Disposition von Transplantationsorganen gerettet werden konnten.

Die Fragen und Antworten, die von der Bioethik präsentiert werden, sind in Anbetracht der wissenschaftlichen Fortschritte in der Biotechnologie von immer größerer Relevanz. Das Klonen beispielsweise ist eine Technik, die der Gentechnologie entstammt, durch die ein Zugang zum genetischen Erbe erst möglich ist, welcher uns erlauben würde, Mängel im langen

DNA-Molekül zu korrigieren. Wie dem auch sei ist das Problem kein technisches, da es die Möglichkeit des Klonens in dieser Form noch nicht gibt. Die Frage ist in erster Linie eine ethische. Die außergewöhnlichen Fortschritte der Gentechnologie können nicht abgestritten werden, dennoch ist es notwendig, auf ihre Risiken hinzuweisen.

In diesem Zusammenhang der Faszination und der Furcht vor den Möglichkeiten des Klonens stellt der christliche Glaube für die Bioethik eine Möglichkeit der Wiederherstellung des tiefen Respekts vor dem Leben und seinen Geheimnissen dar. Das wissenschaftliche Wissen, das seinen Ausgangspunkt in der Furcht vor dem Leben hat und dieses als Geschenk Gottes versteht, wird auch eine verantwortungsvolle Wissenschaft hervorbringen. Die moderne Wissenschaft jedoch hat die Schöpfung und das menschliche Wesen zu einem Ding, einer Maschine reduziert und so die Dimension der respektvollen Furcht vor dem Leben und der Schöpfung durch die Auslöschung der Realität Gottes ebenfalls ausgelöscht, da Gott in wissenschaftlichen Erfindungen nicht mehr beachtet werden kann. Die Verantwortung vor Gott, dem menschlichen Wesen und der Schöpfung ist jedoch grundlegend dafür, richtige Entscheidungen in Bezug auf den technischen Fortschritt und seine Versprechungen und Drohungen zu treffen. Wissenschaft selbst findet sich in der Logik der modernen Gesellschaft wieder, die in der Postmoderne verstärkt wurde. Moderne und Postmoderne sind Ausdrücke von einem Problem, allerdings mit deutlichen Veränderungen. Beide werden jede auf ihre eigene Art von dem irrationalen frenetischen Streben nach Profit und Konsum regiert. Alles, auch das menschliche Wesen wird von einem Gesichtspunkt der Nützlichkeit und Profitabilität gesehen. Dies geht so weit, dass die Biotechnologie der irrationalen Logik des Profits und der erweckten Notwendigkeiten zur Befriedigung des Marktes, in diesem Fall des Klonens von Menschen unterworfen wird.

Für Van Rensselaer Potter – der eine Ethik des menschlichen Überlebens vorschlug – war es klar, dass wissenschaftliches Wissen für sich alleine das Fortbestehen der Menschheit nicht garantiert. Ganz im Gegenteil ist Technik ohne Ethik eine hochgradige Bedrohung. Das Überleben des Planeten hängt nach ihm grundlegend vom menschlichen Wert ab. Wir stimmen daher mit ihm überein, dass nicht alles, was technisch möglich auch ethisch vertretbar ist, da die technischen Möglichkeiten ohne die Furcht vor Gott und dem Leben ein außergewöhnliches und unvorhersehbares destruktives Potenzial offenbaren.

Wie wir bereits früher gesagt haben, bringt die biotechnologische Arroganz ihre unverantwortliche Einstellung hervor, indem sie sich selbst an die Stelle Gottes stellt und genetisch die Zukunft von Menschen bestimmt, ohne die Schäden, die dies anrichten kann, vorherzusehen.[134] Die sieben Tage der Schöpfung waren nicht genug. Am achten Tag erzeugte der Mensch die Schöne Neue Welt. Die kleinen, aber mächtigen Götter entwarfen die Lebewesen und das menschliche Wesen neu nach dem Bild und in Ähnlichkeit zu den utilitaristischen Interessen des Gottes des Marktes.

In diesem Sinne ist ein wichtiger Beitrag der christlichen Kirche zur Diskussion in der Bioethik die Rettung der Würde des menschlichen Lebens und der Schöpfung, da diese die Geschenke Gottes – durchdrungen und aufrechterhalten von der Präsenz des Geist Gottes – sind (Psalm 104). Deshalb garantiert die Demut der Wissenschaft, dass sie Wissenschaft bleibt, ohne den prätentiösen Anspruch zu erheben, Religion zu sein, die Unsterblichkeit, Erlösung und ewiges Leben verspricht.

---

134 Leonardo Boff, ein brasilianischer Theologe, nahm an der UNESCO Earth Charter Commission teil, die konkrete Schritte für das Überleben der Menschheit und des Planeten als ein Ganzes vorschlug. Vgl. Leonardo BOFF: Ética e Moral: a busca dos fundamentos. Petrópolis 2003, S. 109–125.